Début d'une série de documents en couleur

ABBÉ DE BROGLIE

LA MORALE
ÉVOLUTIONISTE

EXTRAIT DU *CORRESPONDANT*

PARIS
JULES GERVAIS, LIBRAIRE-ÉDITEUR
29, RUE DE TOURNON, 29

1885

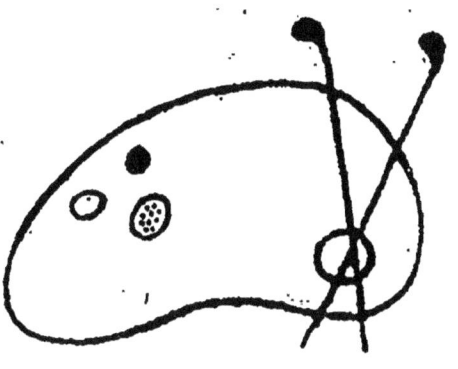

Fin d'une série de documents
en couleur.

LA MORALE

ÉVOLUTIONISTE

ABBÉ DE BROGLIE

LA MORALE

ÉVOLUTIONISTE

EXTRAIT DU *CORRESPONDANT*

PARIS

JULES GERVAIS, LIBRAIRE-ÉDITEUR

29, RUE DE TOURNON, 29

1885

LA MORALE ÉVOLUTIONISTE

LE PASSÉ ET L'AVENIR DE LA MORALE
SELON LES NOUVEAUX DOCTEURS

Qu'une morale sans Dieu soit impossible, que, privée de l'idée d'un Être suprême, toute règle de mœurs sérieuse s'écroule nécessairement, c'est une vérité qui n'a pas besoin d'être démontrée, tant elle est évidente aux yeux du bon sens. Cependant, comme cette vérité est violemment attaquée de nos jours, j'ai cru devoir présenter ici, en défense de ce principe, des arguments que je crois invincibles.

A l'appui de cette étude, j'ai apporté en faveur de la thèse de l'union nécessaire entre la morale et l'idée de Dieu deux témoignages récents très singuliers et tout à fait inattendus, celui de M. Schérer, déclarant que la *vraie morale*, la *bonne*, l'*ancienne*, l'*impérative*, a besoin de l'absolu, qu'elle aspire à la transcendance et ne trouve son point d'appui qu'en Dieu; et celui de M. Renan, qui a tiré de l'idée d'une morale sans Dieu des conséquences extrêmes dépassant tout ce que j'avais imaginé, et qui a placé, parmi les *moyens de salut* conseillés à l'humanité et les préceptes de son étrange catéchisme, « l'ambition, les voyages, les femmes, le luxe, la richesse et, au plus bas degré, la morphine et l'alcool ».

Seulement, en citant, comme c'était mon droit, ces singuliers aveux de mes adversaires, il m'est survenu un scrupule; je me suis demandé comment il pouvait se faire que ces écrivains se trouvassent dans un parfait accord avec la doctrine ancienne que je soutenais. J'ai cherché à m'expliquer d'où provenait cette sorte de trahison apparente dans l'armée de la morale laïque. Je me suis demandé si elle devait être attribuée à un caprice personnel de leurs auteurs, auquel cas il ne serait pas permis d'en tirer des conséquences importantes, M. Renan et M. Schérer n'étant, par suite de leurs variations antérieures, que de très médiocres garants pour les opinions qu'ils soutiennent, ou bien si elle était un résultat forcé de la situation où se sont placés les moralistes qui veulent se passer de Dieu, auquel cas ces aveux auraient une bien plus grande valeur.

Or il m'a suffi de réfléchir pour découvrir aisément la cause prochaine de ce rapprochement entre les défenseurs de la morale religieuse et les partisans de la laïcisation à outrance.

Cette cause n'est autre que l'apparition, sur la scène philosophique en France, d'une doctrine plus avancée que la morale indépendante, aux yeux de laquelle cette morale que j'ai combattue est elle-même un vieux préjugé réactionnaire et presque clérical.

Il est arrivé dans l'ordre des discussions philosophiques un fait analogue à ce qui se passe sur le terrain politique. De même que derrière l'opportunisme apparaît le radicalisme, derrière le radicalisme le socialisme, de même, dans l'ordre philosophique, la morale non chrétienne, mais spiritualiste de M. Compayré, est dépassée par la morale athée de M. Paul Bert : mais celle-ci même n'est pas le terme dernier de l'évolution de la pensée moderne. Derrière la morale qui supprime Dieu, mais qui conserve le devoir, apparaît une nouvelle morale qui supprime le devoir lui-même, une morale qui s'appelle elle-même *morale sans obligation* et *sans sanction* [1]. Cette définition, due à un des enfants terribles de la secte, est sans doute étrange. Jusqu'à présent la morale était considérée comme étant la science même du devoir, et l'obligation et la sanction étaient regardées comme l'essence même et le fond de la morale. Mais à notre époque si fertile en progrès, on a changé cela, comme on a changé tant d'autres choses.

Il y a donc une morale sans obligation, une morale qui rejette la distinction du bien et du mal comme une vieille illusion, et qui rangerait volontiers le devoir avec Dieu et avec l'immortalité dans la catégorie de ces *bons vieux mots un peu lourds*, qui servent d'épouvantail pour les sots, mais dont les hommes intelligents comprennent le vrai sens, tout différent de celui que le vulgaire leur attribue. Ainsi ce qui a amené ce singulier rapprochement entre la doctrine que je soutenais et celle de MM. Schérer et Renan, c'est un progrès singulièrement rapide des idées, d'où il est résulté que la doctrine que je combattais l'an dernier, au nom des traditions et des croyances anciennes, était déjà en butte à des attaques semblables de la part d'une doctrine plus avancée. Dès lors, après avoir constaté, comme il m'était permis de le faire, cet accord entre les partisans les plus avancés de la morale laïque et les défenseurs de la morale religieuse, je me suis cru obligé de regarder en face et d'étudier cette nouvelle doctrine morale, et de me demander si elle n'est pas elle-même, pour l'esprit public et pour la conscience, un danger plus grand que celui que je venais d'essayer de conjurer.

[1] Guyau, *Essai sur une morale sans obligation et sans sanction*. (Alcan.)

Sans doute, si les questions de philosophie morale pouvaient être traitées avec un plein désintéressement d'esprit comme des problèmes d'algèbre pure ou des spéculations sur le calcul des probabilités, il n'y aurait pas grand danger. La doctrine dont je vais parler, la doctrine de l'évolutionisme en morale est si arbitraire, si dénuée de preuves, et conduit à des conséquences si absurdes qu'elle ne saurait par elle-même gagner que les esprits légers, amateurs de nouveautés en tout genre et dépourvus du lest du bon sens. Mais dès qu'il s'agit du gouvernement de la vie humaine, il y a un élément très puissant qui entre en jeu : ce sont les passions qui cherchent avidement à être satisfaites, et qui ne subissent qu'en frémissant le joug des obligations de la conscience. Platon a comparé l'âme humaine à un attelage de deux chevaux ardents, gouvernés par la raison ; souvent il arrive que les chevaux s'emportent même quand le cocher est solidement assis sur son siège et tient les rênes en mains. Mais, s'il arrive que le siège du cocher soit ébranlé, s'il arrive que quelque hypothèse ingénieuse vienne mettre en question l'autorité même de la conscience, il est évident que les passions en profiteront en pesant de tout leur poids dans la balance pour entraîner l'assentiment. Il est donc urgent de combattre dès sa naissance tout système qui ébranle l'autorité de cette morale que M. Schérer appelle si bien la bonne, la vraie et l'ancienne. Il importe d'obliger ces systèmes à se montrer à nu tels qu'ils sont, dans la hideuse brutalité de leur nature et de les empêcher de s'insinuer dans les esprits sous des apparences trompeuses et de miner sourdement la conscience, en se cachant sous le langage technique d'une philosophie peu compréhensible.

Il y a d'ailleurs une autre raison qui rend plus nécessaire encore de combattre ce nouveau système de morale. La campagne dirigée contre la morale religieuse n'est pas seulement théorique, elle est pratique. Elle tend à arracher à l'Église l'enseignement de l'enfance, et à le conférer à des maîtres chargés d'enseigner une morale sans Dieu. Or, parmi ceux qui soutiennent cette morale athée, il y a, comme nous venons de le voir, deux classes de moralistes, les uns qui veulent conserver l'idée du devoir, les autres qui veulent la rejeter comme trop voisine des idées religieuses. Qui sait, parmi les maîtres qui enseignent à présent, ou qui enseigneront plus tard la jeunesse française, laquelle des deux opinions prévaudra? La résistance des doctrines intermédiaires en ce genre est ordinairement bien molle et bien faible. Peut-on croire que, parmi les partisans de la morale laïque, les quelques défenseurs de l'idée du devoir rendront les derniers combats pour sauver cette idée et se détourneront pour cela de leur lutte acharnée contre la religion!

C'est donc vraisemblablement tôt ou tard la doctrine la plus extrême qui doit triompher et passer dans l'enseignement officiel. Cette doctrine peut dès lors espérer avoir en sa faveur, outre la connivence du cœur humain et de ses passions, l'appui de la force sociale personnifiée dans l'État. Son triomphe dans un grand nombre d'esprits n'est pas un danger imaginaire; c'est au contraire une éventualité imminente et probable.

Il importe de savoir en quoi consiste cette nouvelle doctrine qui monte à l'horizon, et qui menace d'éclipser jusqu'à la morale athée que j'ai combattue l'an dernier. C'est le but de cet article et des suivants qui formeront ainsi le complément de ceux que j'ai publiés précédemment sur la morale.

Nous pouvons, d'après son caractère principal et sa thèse fondamentale, nommer la nouvelle doctrine *morale évolutioniste*. C'est en effet sur le système de l'évolution, sur cette gigantesque hypothèse qui prétend résoudre tous les problèmes et expliquer l'univers entier sans avoir recours à une cause première, que s'appuie cette négation de l'antique morale. Ses partisans tirent de ce système deux conséquences, l'une relative à l'origine de la morale et à son histoire dans le passé, l'autre relative à son avenir. Chacune mérite un examen attentif.

I

L'homme, suivant le système de l'évolution, n'est autre chose qu'un animal perfectionné. Sous l'influence soit d'une fatalité qui pousse la nature dans la voie du progrès, soit du hasard et de la lutte de la vie qui fait triompher les êtres les mieux constitués, les êtres vivants se sont développés à partir des germes les plus simples et les plus petits, et ont acquis graduellement des facultés nouvelles et des organes que leurs pères ne possédaient pas. L'homme est un des termes d'une série progressive, il descend d'un anthropoïde moins parfait et moins bien organisé que lui-même; celui-ci, d'un autre moins parfait encore et se rattache, en remontant d'ancêtres en ancêtres, à quelqu'un des rameaux de la classe des mammifères. S'il n'est pas proprement le descendant du singe, il en est tout au moins le cousin plus ou moins éloigné et pourrait, par une généalogie bien faite, remonter à l'auteur commun d'où descendent avec lui ses congénères qui habitent les forêts de l'Afrique et les savanes du nouveau monde.

Je n'ai point, en ce moment, à apprécier ce système; je me contente de l'exposer. A un certain moment, dans cette marche progressive, les anthropoïdes ont acquis la faculté du langage, et leur cerveau a pris un développement correspondant à une pensée plus ou moins réfléchie. A ce moment, ils sont devenus des hommes, au moins quant à l'organisation et à la forme extérieure. Mais ils n'ont pas encore acquis ce qui constitue la grandeur et la dignité de l'homme, la moralité et la religion. Ces dernières facultés ne doivent venir que plus tard. L'homme primitif n'est donc humain que par le corps et par un commencement d'intelligence; il est encore animal et bestial quant au cœur et à la conscience.

Voici le tableau peu flatteur, selon les docteurs de l'école que je combats, de nos premiers aïeux [1].

Les hommes primitifs vivaient à l'état absolument sauvage, sans autre pensée que d'assouvir leurs appétits et de satisfaire immédiatement leurs caprices et leurs passions. Chez eux, point de propriété, chacun s'empare de ce qu'il peut, point d'idée de justice ni de bienveillance mutuelle, chacun use et abuse de sa force et n'est contenu que par la crainte de la vengeance d'un être plus fort que lui. Point de famille régulière, les mâles et les femelles vivent dans une promiscuité absolue, s'unissent au hasard et se séparent dès que leur caprice est passé; les enfants, nourris dans leur bas âge par leur mère, s'en éloignent de bonne heure, dès qu'ils ont la force suffisante pour se procurer leur nourriture par la chasse ou la pêche. Point de religion, l'idée de Dieu est inconnue, celle de la vie future n'apparaît qu'en germe sous forme de la crainte des revenants [2].

Il n'est pas besoin de dire que ce tableau est purement hypothétique; les hommes primitifs n'ont laissé aucune histoire, et la supposition que les sauvages les plus dégradés de nos jours est l'image de nos premiers aïeux est purement arbitraire. J'aurai l'occasion, plus tard, de revenir sur ce point. Aujourd'hui, il faut que j'explique comment, selon le système évolutionniste, les nobles et belles idées qui donnent à la vie humaine son charme et son prix sont sorties de cette affreuse barbarie.

Trois principes concourent, selon ce système, à la formation de l'idée du bien et du mal : le principe de l'intérêt personnel, l'instinct social et l'hérédité.

Naturellement et à l'origine, tout animal, et l'homme qui est un animal de même nature que les autres, cherche ce qui lui est agréable; il est conduit par ses sensations : il se jette sur l'objet qui lui convient; il se précipite sur la nourriture ou la boisson dont il a besoin; il ne cherche qu'à satisfaire brutalement ses appétits.

---

[1] Herbert Spencer, *The Data of Ethics*, chap. VII. *Principles of sociology*, p. III, chap. III.

[2] Herbert Spencer, *Principles of sociology*, chap. X et XI.

Mais comme il est doué de mémoire et de réflexion, il reconnaît que cette recherche de la jouissance présente lui cause des peines dans un avenir plus ou moins rapproché. Il s'est emparé d'un fruit appétissant, mais un autre animal a vu le même fruit, est saisi de jalousie et se précipite sur le premier. Celui-ci reconnaît qu'il a eu tort de céder à son appétit. A l'avenir, éclairé par l'expérience, il résistera à sa passion, il exercera sur lui-même une contrainte [1]. Un autre anthropoïde a ramassé une provision de fruits; les ayant tous consommés en un jour, il souffre de la faim le lendemain. Il conçoit alors la règle de prudence qui oblige à l'économie : désormais il résistera à son appétit. Cette contrainte, cette lutte intérieure est le premier rudiment de la moralité.

Mais l'homme n'est pas fait pour vivre seul, il a des instincts de sociabilité. De même que les abeilles et les fourmis, les chevaux des Pampas et les éléphants, il tend naturellement à former une cité, Aristote a très bien appelé l'homme un animal politique. Une fois la société formée, de nouvelles règles de conduite naissent dans l'intelligence de l'être social. Il ne conçoit plus seulement son intérêt privé, il comprend confusément que son bien personnel est uni au bien général et il a une sorte de divination des intérêts de la société. De là l'idée que l'individu doit contribuer au bien social; qu'il est bon dans certains cas que l'individu soit sacrifié, ou se sacrifie lui-même pour la société. De cette idée naissent plusieurs motifs d'agir, plusieurs freins capables de résister aux passions. Ces freins se superposent au premier frein que nous avons indiqué, celui de la crainte et de l'intérêt privé.

Les actes contraires au bien de la société sont l'objet d'une réprobation générale; les actes utiles à la société sont récompensés par la louange. Ainsi à l'idée d'actes utiles et nuisibles se superpose celle d'actes louables et blâmables. La société se constituant sous une forme plus régulière, une puissance publique apparaît : un chef militaire, ou un homme influent par son éloquence, se fait reconnaître comme prince ou roi. Cet homme investi de l'autorité, comprenant mieux que les autres les intérêts sociaux, puisque le bien de la société se confond avec le sien propre, s'efforce de multiplier les actes utiles à la société et de réprimer les actes nuisibles.

Pour y parvenir, il établit un système de peines et de récompenses, et joint ainsi, à la sanction du blâme et de l'éloge, une sanction plus efficace et plus puissante. Nouvel élément de moralité sous la forme de loi pénale, de supplice, de prison, d'exil, ou, au contraire, de récompense civique et d'honneur, qui vient augmenter la répro-

---

[1] Spencer, *The Data of Ethics*, chap. VII.

bation due aux actions antisociales, et la faveur dont les actes utiles à la société jouissent dans l'opinion.

Mais ce n'est pas tout, et nous pouvons faire intervenir, pour la création de la moralité, un ordre de sentiments plus élevés. Parmi les instincts sociaux que l'homme possède en commun avec certains animaux, se trouve l'instinct de la sympathie. L'homme souffre des maux qui atteignent ses semblables. Il jouit de leur bonheur. Vivement reproduite dans son imagination, la souffrance, ou la joie d'autrui, agit avec énergie sur la sensibilité et sur la volonté de l'être social. Dès lors tel acte, tel que le vol et l'assassinat, qui est déjà réprouvé comme nuisible à la société, devient odieux parce qu'il implique la souffrance d'autrui [1].

L'instinct social fournit donc trois motifs de moralité, trois principes servant à classer les actes humains en bons et mauvais : l'opinion publique, les châtiments et les récompenses, et la sympathie. Telle est la morale de l'humanité arrivée au premier degré au-dessus de l'état sauvage primitif. Il importe ici de remarquer de quelle nature est cette morale.

Elle est éminemment contingente. Elle est un résultat des circonstances dans lesquelles la société humaine s'est trouvée. Elle est purement expérimentale. Elle ne s'appuie que sur des sanctions sensibles actuelles. Elle est en outre tout à fait variable et progressive. Suivant l'état de la société, la morale sera différente. Chez les peuples chasseurs et guerriers, ce seront les vertus militaires qui seront prônées. Chez les peuples commerçants, ce sera l'économie, l'habileté, ou même la probité, si les hommes reconnaissent qu'il y a avantage à tenir sa parole. Chaque nation, chaque époque, auront leur morale particulière. Contingente, sans principe transcendant, expérimentale, variable, progressive, cette morale, composée de faits et non de principes, n'a rien d'obligatoire. Elle est purement persuasive. Les hommes n'en suivent ses règles que par crainte, par intérêt, ou par la sympathie qui n'est qu'une forme de l'intérêt, puisqu'elle consiste à chercher la jouissance personnelle causée par le bonheur d'autrui, ou à fuir la peine causée par son malheur.

Comment maintenant cette morale a-t-elle pu se transformer pour devenir la morale absolue du devoir, appuyée sur l'idée de Dieu, qui règne depuis l'aurore de l'histoire dans les sociétés humaines? C'est, nous disent les modernes docteurs, grâce à un troisième principe, celui de l'hérédité. Les instincts, les sentiments, les idées, passent par hérédité du cerveau des parents dans celui

---

[1] Herbert Spencer dit que c'est ce dernier motif qui, seul, donne aux actions leur caractère apparent de moralité. (*Data of Ethics*, chap. VII).

des enfants. Les enfants ont donc, à leur naissance, tout un capital d'idées et de sentiments qui ne sort pas de leur nature, mais qui provient des habitudes, des actes et des pensées accumulées de leurs aïeux.

Parmi ces notions héréditaires, l'une des plus frappantes, l'une des plus enracinées, parce qu'elle est le résultat d'un nombre incalculable d'expériences antérieures, c'est celle-ci : il y a des actes qu'il ne faut pas faire, c'est-à-dire des actes mauvais, ces actes sont punissables ; il y a des actes qu'il faut faire, c'est-à-dire des actes bons, ces actes doivent être récompensés.

Quant aux motifs en vertu desquels tels actes doivent être évités et tels autres accomplis, ces motifs plus ou moins variables ont pu disparaître de la mémoire. C'est le résultat définitif des expériences antérieures qui s'est fixé par hérédité ; les conditions de l'expérience ont été oubliées. Dès lors les générations qui naissent à la suite d'une longue pratique de la vie sociale ont dès leur naissance gravées dans leur conscience ou plutôt dans leur cerveau, car l'évolutionisme n'admet pas d'âme et ne considère l'homme que comme un organisme, l'idée de certains actes bons et louables et celle d'actes répréhensibles. Les mêmes générations, en croyant par l'effet de l'hérédité à la bonté de certains actes et à la malice des autres, n'ont aucun motif à elles connu d'y croire. Les raisons qui, dans les siècles antérieurs, ont fait classer les actes humains dans les deux catégories du bien et du mal ne sont point parvenues jusqu'à elles. Elles doivent donc naturellement admettre que cette distinction est quelque chose d'absolu, que les actions bonnes sont bonnes en elle-mêmes ; les actions mauvaises, mauvaises par leur propre nature. Le caractère absolu du bien résulte de l'ignorance des motifs qui rendent les actions bonnes ou mauvaises. Trouvant ces notions gravées dans leur âme dès que leur raison s'éveille, les hommes ne peuvent croire que ces notions soient des résultats d'expériences antérieures. Ils les prennent pour des principes.

Platon, frappé de cette innéité de nos idées, a supposé qu'elles étaient la réminiscence de connaissances plus complètes que l'individu avait eues dans une existence antérieure. Platon, selon les docteurs modernes, a approché de la vérité, mais ne l'a pas atteinte. Ce n'est point dans une existence antérieure de l'individu, c'est dans l'existence des aïeux qu'il faut chercher l'origine de ces idées. L'homme n'est point un être isolé, sa vie est la continuation de celle de ses parents ; ce qui était expérience chez eux, est devenu principe chez lui. Trouvant ces notions en lui-même et convaincu que tous les hommes lui ressemblent, l'homme en conclut que les principes de la morale sont universels et invariables. Cette croyance illusoire persiste malgré le témoignage contraire de l'histoire, ou le spectacle de la variété des mœurs des différents peuples.

On peut ainsi expliquer l'origine de ces idées d'obligation et de sanction. Elles proviennent des anciennes associations d'idées qui se sont formées jadis, lorsque des lois répressives ou rémunératrices ont été établies dans les sociétés primitives. Les hommes se sont habitués à joindre, à l'idée de certaines actions, l'idée de prohibition ou de commandement et celle de châtiment et de récompense. Ces idées sont restées liées ensemble, et lors même que la société a cessé de récompenser ou de punir certains actes, ou même de les ordonner ou de les défendre, l'idée que ces actes sont obligatoires a subsisté. Enfin, comme toute loi suppose une législation, et toute sanction une puissance capable de rémunérer ou de venger, les hommes, ayant déjà conçu l'idée de la Divinité et de la prolongation de la vie au-delà de la tombe, ont supposé un tribunal céleste, créé par leur pensée à l'image du tribunal de la terre, et des châtiments futurs qui, semblables aux châtiments imposés par les lois pénales humaines, suppléent à ce que ceux-ci ont d'incomplet.

Ainsi se serait formée, par l'habitude, par l'association des idées et par l'accumulation des expériences passées et l'oubli de leurs conditions, l'idée d'un bien et d'un mal absolu, d'une loi nécessaire, éternelle et invariable, d'une obligation ayant sa source dans un principe supérieur à l'homme et sa sanction dans une autre vie. La morale du devoir, la morale absolue et même la morale religieuse, seraient le résultat de cette transformation des règles de conduite variables, contingentes et expérimentales des antiques sociétés.

Pour exposer plus clairement cette théorie, on peut tirer du règne animal un exemple. Certains naturalistes supposent que primitivement les chiens d'arrêt n'avaient pas cet instinct qui les porte à se tenir immobiles en face du gibier qu'ils fascinent. Comme tout autre chien, comme tout autre animal, ils se précipitaient sur leur proie. Mais il s'est trouvé dans le temps passé des chiens qui ont, soit par eux-mêmes, soit par l'effet de l'éducation humaine, pris cette habitude de s'arrêter dans leur essor vers leur proie. Cette habitude s'est transmise de génération en génération, et maintenant les chiens de bonne race tombent en arrêt la première fois qu'ils sont mis en présence du gibier.

Cela posé, suivant le système évolutioniste, le chien primitif qui apprend de lui-même, ou auquel le chasseur apprend à tomber en arrêt, c'est l'homme primitif qui, par divers motifs tirés de l'instinct social, apprend à régler sa conduite. Le chien d'arrêt en formation est retenu dans son essor par la crainte de la perte du gibier, ou par celle des châtiments. Le chien d'arrêt de race, qui s'arrête devant le gibier comme devant un fruit défendu sans savoir pourquoi, comme s'il subissait l'action d'une loi supérieure à sa nature, c'est le type de l'homme moral moderne, de celui qui agit par devoir sans penser aux conséquences de son acte. « Aussi, dit un auteur de cette école, si le chien d'arrêt était assez intelligent pour comparer sa conduite à celle des chiens courants ses camarades, il pourrait s'étonner, sentir en lui l'action d'une puissance supérieure à sa pensée réfléchie, éprouver quelque chose de cette horreur religieuse qui est un des traits distinctifs du sentiment du devoir [1]. »

Cette ingénieuse comparaison ou plutôt cette assimilation odieuse éclaire sans doute le système évolutioniste. Mais il nous semble qu'elle l'éclaire trop et qu'elle en montre le vice et la brutalité.

Depuis plus de trois mille ans, les hommes de tous les pays de l'univers sont dans l'admiration en présence des luttes de la vertu contre la souffrance, ce spectacle si digne que Dieu le contemple, a dit un ancien. La poésie et le théâtre présentent constamment à leurs yeux l'homme du devoir, qui sacrifie tout à sa conscience, qui ne craint ni la mort, ni les souffrances, ni les humiliations, ni les injures et les calomnies des hommes. Platon nous montre, dans sa *République*, ce type du juste insulté et condamné à une mort honteuse, qui semble être une prophétie de la vie et de la mort du Christ. Eh bien, qu'est-ce que tout cela dans la nouvelle doctrine? Qu'est-ce que ce juste persécuté et fidèle à sa conscience jusqu'à subir des supplices affreux? Qu'est-ce que cette jeune fille qui préfère la misère, la souffrance, la mort au déshonneur! Qu'est-ce que cet homme qui, pouvant s'enrichir du bien d'autrui sans être vu, préfère rester pauvre? Ce sont d'admirables chiens d'arrêt dont l'instinct est parfaitement sûr, ce qui prouve qu'ils sont de bonne race, et que les chasseurs qui ont dressé jadis leurs aïeux l'ont fait avec habileté et avec soin. Quant à ces idées auxquelles ces personnes se sacrifient, que sont-elles? De pures illusions, de simples préjugés. Des expériences ancestrales condensées et transformées par la force trompeuse de l'hérédité. C'est parce que leurs aïeux ont reconnu qu'il était nuisible à soi de prendre le bien d'autrui, que les honnêtes gens d'aujourd'hui se croient obligés à ne pas voler.

Une doctrine qui a de telles conséquences est déjà jugée et n'aurait pas besoin d'être discutée par des hommes qui ont conservé le sentiment de l'honneur et dont la conscience n'est pas, pour me servir du langage de saint Paul, cautérisée par une logique perverse et sophistique. Cette doctrine doit être discutée cependant, car il y a, de nos jours, à une époque où le respect est si rare, une sorte

---

[1] Guyau, *Essai sur une morale sans obligation ni sanction.*

de respect étrange pour les doctrines les plus immorales et les plus absurdes, du moment qu'elles revêtent le vêtement de la science ou se parent des couleurs d'une philosophie abstraite et technique. Du moment qu'une doctrine s'appuie sur l'hypothèse de l'évolution, ou qu'elle se trouve contenue dans les volumineux ouvrages d'Herbert Spencer, elle a droit de cité et on doit compter avec elle. Aussi, réservant pour les prochains articles la discussion des preuves de cette doctrine, nous allons en continuer l'exposé, et après avoir raconté, selon ces docteurs, le passé de la morale, nous allons, en nous appuyant sur les mêmes principes, tirer l'horoscope de son avenir.

II

La morale du devoir, l'idée d'une obligation réelle gravée dans la conscience, l'idée que le bien est bien par soi-même, et que le mal est nécessairement le mal, l'idée que tout doit être sacrifié au devoir, sont, selon la doctrine évolutioniste, autant d'illusions et de préjugés. Il n'y a qu'une chose de vraie, c'est que les actes que nous appelons bons ont semblé jadis à nos aïeux, à tort ou à raison, utiles à la société, et que les actes que nous considérons comme mauvais leur ont semblé nuisibles. Tout ce qui dépasse l'affirmation de ce fait passé et oublié, tout ce qui, dans les croyances morales, implique un degré quelconque d'absolu, de transcendance et même de vérité objective actuelle, tout cela n'est qu'illusion et préjugé, tout cela est le résultat de la transformation inconsciente des idées de nos aïeux par la puissance magique et trompeuse de l'hérédité.

Ceci étant bien établi (car c'est la doctrine même), une conséquence évidente en sort inévitablement C'est que la vieille morale, la morale du devoir, va disparaître ; c'est qu'elle disparaîtra au fur et à mesure que sa véritable nature sera mieux connue. Rien n'est plus évident.

Le propre de la science, en effet, est de dissiper les illusions et les préjugés. Toute croyance mal fondée, placée en face d'une explication rationnelle de son origine, doit s'effacer ; tout comme une pièce fausse est rejetée dès qu'on a reconnu comment et par qui la falsification a été faite. On croyait autrefois la terre immobile : la science a parlé, cette croyance a disparu. Le polythéisme a été la croyance presque universelle de l'humanité. Du moment qu'il est prouvé que les dieux païens ne sont que des phénomènes naturels personnifiés ou des héros divinisés, le polythéisme n'a plus de sectateurs. On a cru longtemps dans le peuple que les rois n'étaient pas des hommes comme les autres, que l'aristocratie de race était accompagnée d'une différence de nature. Les lumières ont fait évanouir ce préjugé.

Il existe de nos jours une école qui veut réduire toute religion, toute croyance au surnaturel, toute croyance en Dieu, parmi les préjugés. Cette même école, par une conséquence logique de son principe, travaille à abolir ces croyances. De même, dès l'instant que l'idée d'obligation ne sera considérée que comme un préjugé résultant d'association d'idées créées par hérédité, cette idée devra promptement disparaître des esprits. Plus la science se répandra, plus la notion du devoir s'affaiblira; plus surtout la doctrine de l'évolution sera propagée, plus l'ordre d'idées que nous venons d'exposer sera répandu, plus la croyance à la morale absolue tendra à s'évanouir. Cela arrivera probablement avec une rapidité plus grande que ce qui se passe à l'égard des autres préjugés.

Les autres croyances populaires que la science a fait disparaître sont, en effet, plus ou moins conformes aux désirs de l'homme et à ses passions. L'homme est superstitieux; il a peine à renoncer aux chimères dont il repaît son imagination. L'homme est religieux; les émotions pieuses, la foi à l'immortalité, répondent à des besoins de son cœur; il est difficile de les lui arracher. Mais la morale est une chaîne, le devoir est un maître austère et rigoureux. Celui qui travaille à le détruire a pour lui la complicité des passions et des lâchetés du cœur humain. Il y a donc toute vraisemblance que ceux qui prêcheront que la morale est une illusion prêcheront avec succès. Et si cette doctrine, si agréable à la nature, se trouvait être une doctrine scientifiquement vraie, qui pourrait douter de son triomphe prochain?

La disparition complète de toute idée du devoir, la destruction de tous les préjugés moraux, telle est donc la conséquence inévitable et prochaine de la propagation de la morale évolutionniste. Mais quand on en sera là, quand cette destruction sera achevée, qu'arrivera-t-il? Que deviendra l'homme ainsi dépouillé de sa règle de vie? Que deviendra la société privée de ce frein qu'elle a, nous dit-on, créé pour sa propre défense? A cette grave et solennelle question, on ne peut faire que l'une des trois réponses suivantes :

Ou bien l'idée du devoir sera remplacée par quelque idée équivalente, la morale de l'absolu cédera la place à une nouvelle morale qui jouera le même rôle;

Ou bien la société pourra vivre sans aucune espèce de principes moraux;

Ou bien la société, incapable de remplacer l'idée du devoir et incapable de s'en passer, s'écroulera elle-même, et l'humanité retombera dans l'état primitif de barbarie, dans lequel, selon nos auteurs, cette idée n'existait pas. Parcourons successivement chacune de ces trois hypothèses.

Remplacer l'idée du devoir par un équivalent; substituer à la vieille morale, à la morale de l'absolu, une morale scientifique, c'est évidemment la solution la plus simple du problème que soulève la ruine annoncée de la morale absolue. Mais la solution de ce problème est fort difficile. Elle est cherchée depuis longtemps sans succès.

L'école utilitaire s'est efforcée de substituer l'intérêt personnel au devoir. Nous avons étudié la solution donnée par cette école. D'un commun accord, d'ailleurs, elle est impuissante.

L'école de la sympathie et de l'*altruisme*, celle qui prétend développer dans l'homme une si grande mesure de sentiments désintéressés et dévoués, que ces sentiments tiennent lieu du devoir, n'a pas eu plus de succès.

Il est démontré, contre Bentham et son école, que l'égoïsme et l'intérêt privé ne sauraient par aucune combinaison engendrer le devoir et le dévouement. D'autre part, il est évident, pour quiconque étudie de bonne foi l'humanité, que l'homme est trop égoïste et, je ne crains pas de le dire, trop obligé d'être égoïste pour défendre sa propre vie et pour tenir sa place en ce monde, pour que l'on puisse supposer que les sentiments de sympathie et de dévouement tiennent lieu pour lui du frein de la justice et de la conscience.

A défaut de ces tentatives, déjà anciennes et qui ont échoué de remplacer l'idée du devoir par quelque autre idée, les évolutionnistes ont cherché d'autres équivalents, mais je me demande si aucun de ces inventeurs de morale nouvelle est vraiment satisfait de son invention.

J'ai entre les mains une brochure faite par un homme bien intentionné, nullement ennemi de la religion, mais attiré par les doctrines nouvelles [1]. Cet auteur s'efforce d'établir qu'il y a une loi nécessaire de l'humanité selon laquelle, dans toute société, le bonheur de tous est le résultat de la vertu de chacun. L'auteur croit que cette loi peut être démontrée et dit qu'il suffit de la faire connaître, pour que les hommes prennent le parti d'être vertueux.

Ce serait une morale scientifique substituée à la morale transcendante. Mais cet équivalent du devoir nous semble bien insuffisant. On peut se demander d'abord si la loi exposée par cet auteur, qu'il appelle la loi de l'équation entre la vertu et le bonheur, est bien démontrée. L'auteur convient qu'elle n'est pas vraie pour l'individu. Cela est évident : en cette vie la vertu n'est pas récompensée.

---

[1] *La Science sociale*, par M. Bellaygue. (Plon.)

Mais, dit-il, elle est vraie au moins d'une manière approximative pour les sociétés, et elle est certainement vraie pour l'humanité entière. Comme preuve de la vérité de cette loi, l'auteur apporte une définition de la vertu.

La vertu, dit-il, consiste à faire du bien à autrui. Donc plus il y a de vertu, plus il y a de bien fait aux hommes, et par conséquent plus les hommes pris en masse ont de bonheur. Mais on peut répondre que très souvent, le plus souvent même, nous ne faisons ce bien à autrui qu'aux dépens de notre propre bien. Ce que l'autre gagne, nous le perdons. Je ne vois pas que la somme totale de bonheur s'augmente. Si tous les hommes donnaient aux autres ce qu'ils possèdent, la société ne serait pas plus riche. En fait, il arrive souvent que les gens qui ne cherchent que leur propre intérêt augmentent la richesse générale plus que les autres. La loi de l'équation entre la vertu et le bonheur n'est donc nullement évidente, même pour l'humanité tout entière. Mais, en supposant qu'elle fût procurée, serait-elle réellement efficace et pourrait-elle remplacer le devoir? Évidemment non. Vous prouverez aux hommes que l'humanité sera plus heureuse s'ils sont vertueux, mais que leur importe le bonheur de l'humanité? A défaut d'un devoir qui les oblige à se sacrifier, c'est leur propre bonheur qu'ils chercheront. Que sera-ce si, à leurs yeux, ce bien général est le bien de certains privilégiés et s'ils se persuadent, à tort ou à raison, qu'ils sont sacrifiés au bonheur des autres, et que leur vertu sert à rendre riches et heureux ceux qui les exploitent.

Déjà incertaine en elle-même, cette loi de l'équation de la vertu et du bonheur dans les sociétés est absolument inefficace dans ses applications pratiques. Un jeune philosophe, sceptique à l'égard de toute notion transcendante, s'est proposé, dans un livre récent, de chercher la solution de ce problème de l'équivalent du devoir, la véritable quadrature du cercle de la morale positiviste [1]. Il a consciencieusement parcouru toutes les régions de la conscience, du sentiment et de la raison, et nous donne comme résultat de ses recherches non pas un équivalent réel et suffisant de l'idée du devoir, mais une série d'équivalents approchés et possibles dont aucun ne semble le satisfaire, et dont certainement aucun ne satisfera ceux qui ne veulent pas se payer de mots et de formules, mais qui cherchent une vérité pratique et sociale. Je vais les énumérer sans discuter chacun d'eux, ce qui m'obligerait l'analyse du livre entier : le simple énoncé des résultats de cette recherche montrera combien grande est la difficulté du problème.

[1] Guyau, déjà cité.

Le principe de la morale de M. Guyau, c'est que la vie doit être, au point de vue physique et mental, la plus intensive et la plus extensive possible. La loi supérieure de la morale, c'est donc l'expansion de la vie. De ce principe, notre auteur déduit les conséquences suivantes :

1° Le devoir, au point de vue de la science, n'est qu'une extension du pouvoir d'agir : 1ᵉʳ équivalent.

2° Le devoir, c'est encore le sentiment de l'identité qui existe entre la pensée et l'action : 2ᵉ équivalent.

3° Le devoir peut être remplacé par une fusion croissante des sensibilités et le caractère toujours plus social des plaisirs élevés.

4° On peut remplacer l'idée du devoir par l'amour du risque physique, ou chercher le danger pour le plaisir de le chercher. Le devoir ressemble à la passion du jeu.

5° On peut remplacer le devoir par le risque métaphysique, c'est-à-dire supposer, sans en être sûr, que la vertu est récompensée et le vice puni, et agir en conséquence.

Peut-être ces théories plairont-elles à certains philosophes de profession, à des hommes qui aiment avant tout à manier la logique et l'analyse. Peut-être plairont-elles à ces gens qui sont philosophes à la mode moderne, c'est-à-dire qui croient que l'on ne doit tenir aucun compte des traditions, des croyances universelles et des notions communes du bon sens, et qu'il est permis au premier venu de construire, par la logique, un monde tout différent du monde réel.

Mais je laisse de côté ces théoriciens, et je m'adresse aux gens pratiques, à ceux pour qui la morale n'est pas une affaire de pure spéculation, à ceux qui veulent pratiquer la morale eux-mêmes, qui veulent choisir des amis qui la pratiquent, qui veulent, s'ils sont pères de famille, l'inculquer à leurs enfants. Eh bien, à ces hommes je ne crains pas de faire un défi. Lisez, leur dirai-je, si vous en avez le loisir et le courage, la Morale d'Herbert Spencer ; lisez la Critique des systèmes de morale contemporains de M. Fouillée ; lisez la Morale sans obligation ni sanction de M. Guyau, et je serai bien surpris si vous trouvez dans ces livres une phrase, une raison, un motif qui remplace à un degré quelconque pour vous-mêmes, ou pour ceux que vous voudrez instruire, cette vieille et simple formule : « cela est mal », ou « Dieu l'a défendu. »

Quant aux logiciens sophistiques qui se disent philosophes et veulent remplacer le devoir, je leur dirai : Vous entreprenez une tâche impossible, vous poursuivez une chimère. On ne remplace pas le devoir. On ne peut trouver dans le relatif un équivalent à l'absolu. Prenez tous les corps ensemble, vous ne ferez pas une pensée, a dit Pascal. Prenez toutes les raisons d'intérêt, de sympathie, de sentiment et vous ne ferez pas un atome de devoir. Prenez-en votre parti; dites : L'absolu est une chimère. Dites avec Brutus : La vertu n'est qu'un nom; mais n'essayez pas de substituer à cet or divin votre monnaie humaine, qui n'a pas le même titre ni le même poids. N'essayez pas de mettre ce qui est contingent à la place de ce qui est nécessaire, l'intérêt à la place de l'obligation, les faits à la place des principes. Vous prétendez chasser Dieu du monde; vous voyez avec inquiétude que le devoir, la justice et la conscience s'en vont avec la Divinité; vous voulez à la place vous élever des idoles : tentative vaine et chimérique. Dans votre monde sans Dieu, dans votre monde sans idées absolues et sans principes transcendants, vous ne trouverez rien qui remplace le devoir, rien qui lui ressemble. Sur ce monde ainsi vide de tout idéal et de toute noblesse morale, vous devrez mettre l'inscription de Dante : « Laissez toute espérance, vous qui entrez ici. » Vous ne ferez pas sortir des faits ce qui n'est pas en eux, ni de l'expérience ce qu'elle ne contient pas. Vous n'avez pas craint de comparer nos héros et nos martyrs à des chiens d'arrêt, eh bien, sachez bien que vous ne referez pas ce que vous avez détruit, vous ne dresserez pas la bête humaine comme elle a été dressée par la religion et l'idée du devoir. Et quand vous voudrez réellement trouver des hommes qui meurent obscurément pour une sainte cause, des âmes qui restent pures au milieu de la corruption du monde, des êtres qui se sacrifient pour le bien; c'est dans les régions où brille encore le soleil divin de la morale religieuse et du devoir absolu que vous irez les chercher : vous ne les trouverez pas ailleurs.

Passons à la seconde hypothèse.

La recherche d'équivalents du devoir étant la recherche d'une chimère, peut-on croire, peut-on espérer, que la société arrivera à se passer complètement de l'idée de l'absolu et qu'elle pourra néanmoins subsister? Il est évident d'abord que la société dans ses conditions actuelles ne pourrait pas subsister si le frein du devoir était brisé. Sans doute, il y a dans les sociétés humaines de graves infractions à la loi morale, mais la loi subsiste. Les honnêtes gens l'observent, et ceux qui la violent, ou tout au moins ceux qui violent quelques-unes de ses prescriptions fondamentales, sont obligés de rendre hommage à la loi : ils s'excusent ou se cachent. La loi les gêne dans leurs actes et dans l'accomplissement de leurs desseins.

La société, il est vrai, possède divers moyens de répression contre les actes qui lui sont nuisibles; elle est armée des lois pénales et peut exercer son action sous la forme du blâme de l'opinion publique. Mais il existe une multitude d'actes obscurs, accomplis par conscience par les honnêtes gens, dans des cas où la violation de la loi morale resterait inaperçue et échapperait au contrôle social. De plus, l'exercice même de cette action sociale suppose que la société possède comme instruments des êtres moraux soumis à la loi du devoir. Si les geôliers, les gendarmes et les magistrats étaient complices des criminels, où serait la répression? Si les soldats n'obéissaient que quand leurs chefs les voient, ou s'ils usaient de leur force numérique pour résister aux ordres de leurs supérieurs, que deviendraient les sociétés? Si l'idée du devoir, si la distinction du bien et du mal n'existait pas, quelle serait la force de blâme de l'opinion? Pense-t-on qu'une dissertation démontrant que tel acte est contraire au bien général sera capable de flétrir l'auteur d'un crime, de manière à arrêter son bras? Toute la puissance répressive de la société repose en dernière analyse sur le sentiment du devoir. Sans devoir, il n'y a pas de droit dans les gouvernements; ils ne subsistent que par la force; mais la force elle-même, si elle ne s'appuie sur aucun droit, est une puissance changeante qui peut servir aussi bien à détruire qu'à consolider l'édifice social.

Il y a, d'ailleurs, dans les sociétés modernes une condition toute spéciale, qui exige, plus que dans les anciennes, l'existence d'une loi morale s'imposant aux consciences : c'est le développement du crédit. Dans les affaires d'industrie et de banque, la moralité est un élément essentiel. La parole de l'homme, la sincérité de ses engagements, sont la base de cette confiance qui multiplie la richesse sociale. Si l'on enlevait le frein du devoir, si les hommes qui peuvent tromper si facilement n'étaient pas retenus par leur conscience, cette confiance serait détruite, chacun serait réduit à cacher son argent, ou à garder précieusement des gages, et la richesse entière de la société s'en ressentirait. La moralité est un des plus puissants éléments de notre capital social. C'est donc une tentative chimérique d'essayer de créer des sociétés humaines telles que nous les connaissons, sans le sentiment du devoir, sans l'idée absolue du bien et du mal. Mais voici ce que disent les partisans de la nouvelle morale.

Ils supposent qu'il y aura dans la société humaine un profond changement. Le sort de l'homme sera tellement amélioré par l'effet du progrès général, que sa nature deviendra meilleure et plus douce. La richesse générale sera telle, qu'il n'y aura plus de pauvres; et la sympathie prenant le dessus et prévalant sur l'égoïsme, personne n'aura d'efforts à faire pour respecter les droits de ses semblables. La justice disparaîtra faute d'objet; la tempérance sera inutile, parce que l'homme aura pris l'habitude de conformer ses mœurs à ses vrais besoins. La charité sera inutile, puisqu'il n'y aura plus de malheureux, mais l'amour subsistera, et chacun jouira du bonheur de ses semblables.

Cet âge d'or dans l'avenir, ce paradis terrestre destiné à remplacer le ciel chrétien, fait partie, tout le monde le sait, du programme des sectes révolutionnaires. Toutes promettent, si elles triomphent, une société parfaite dont tous les membres seront heureux : elles demandent seulement que l'on supprime auparavant toutes les inégalités sociales, qu'on débarrasse le monde d'un certain nombre de tyrans, et qu'on fasse tomber un certain nombre de têtes. Après cela viendra le bonheur parfait.

Nous savons également que ce programme fantastique a été développé par des écrivains peu sérieux. M. About, particulièrement, n'a pas craint d'écrire que l'industrie est une providence. Elle fera, dit-il, des hommes sans préjugés et sans vices, comme elle a créé des taureaux sans cornes, le miracle n'est pas plus grand. Dans la bouche d'un esprit frivole comme M. About, comme dans celle d'un sectaire fanatique comme Pierre Leroux, une telle doctrine n'a rien qui doive surprendre. Mais nous avons le droit d'être étonné qu'un philosophe sérieux et grave, qu'un homme qui prétend s'appuyer sur les faits positifs et rejeter toute hypothèse métaphysique, tel qu'Herbert Spencer, se permette de présenter comme complément de la théorie des promesses chimériques de cette espèce [1].

Or nous voyons exposée dans cet auteur cette idée que le devoir et le plaisir sont identiques en eux-mêmes, que l'opposition apparente qui existe entre l'un et l'autre provient de ce que l'homme n'est pas encore adapté au milieu social. Il considère l'obligation morale comme un état transitoire qui provient de cette adaption imparfaite. Une fois l'évolution achevée et la société arrivée à sa perfection, la contrainte du devoir ne sera plus nécessaire, et chacun n'aura qu'à suivre ses attraits, qui le porteront vers son bien particulier, identique au bien général des hommes.

Nous ne nous arrêterons pas à discuter cette théorie. Cette société future où régneront la richesse, la paix et le bonheur, qui nous en garantit la naissance? Ce n'est certes pas l'expérience. L'expérience nous montre les appétits de l'homme croissant avec ses ressources, ses besoins s'augmentant avec sa richesse : elle nous prouve aussi, par de nombreux exemples, que l'homme d'aujourd'hui est capable de jalousie, de vengeance et de haine tout autant que l'homme d'autrefois. Il est possible que, grâce à certains progrès scientifiques et à l'adoucissement des mœurs, la somme des souffrances physiques diminue. Mais les raffinements créés par la civilisation tendent à augmenter les souffrances morales, qui sont, aussi bien

---

[1] Herbert Spencer, *The Data of Ethics*, chap. VII. L'idée de ce bonheur général devant être le terme de l'évolution se rencontre à tout instant dans cet auteur.

que les premières, des causes de discussion entre les hommes. La diminution des anciennes inégalités sociales rend plus pénibles à supporter les inégalités nécessaires qui subsistent. En somme, les hommes de la société moderne, ayant peut-être plus de causes extérieures de bonheur, sont moins contents de leur sort que ceux d'autrefois. Il leur faut donc une somme aussi grande de vertu pour se contenter de la part qui leur échoit en bien. Rien n'annonce donc l'apparition de cette félicité promise et de ce bonheur qui procurera la paix et dispensera du devoir. A défaut de l'expérience, serait-ce la théorie même de l'évolution qui nous amènerait ces brillants horizons?

Mais qui nous garantit que l'évolution humaine sera toujours en progrès? Pourquoi l'homme ne serait-il pas destiné, en vertu même de l'évolution, à disparaître devant un être supérieur? Pourquoi la race humaine arriverait-elle donc à cette perfection de bonheur? Rien ne le prouve, et ces hypothèses chimériques ne nous garantissent nullement contre le danger actuel de la destruction de l'idée du devoir et de la ruine de l'autorité souveraine de la conscience.

Il est, en effet, une troisième solution du problème de l'avenir de la morale, solution pleinement conforme aux principes de l'évolutionnisme, solution tout autrement vraisemblable que les vaines hypothèses que nous venons d'examiner. Nous convenons que cette solution jette un triste jour sur la doctrine elle-même et sur ses conséquences. Nous sommes étonnés néanmoins qu'aucun des docteurs de la secte, raisonneurs si intrépides et si indifférents en apparence aux effets pratiques de leurs théories, n'ait pas découvert et exposé cette conséquence du système. Voici cette solution.

Selon la doctrine évolutioniste, c'est la société ou, si l'on veut, c'est l'instinct social de l'humanité qui a créé la morale. La morale est le résultat de tendances sociales fixées par l'hérédité. Cette morale, créée par l'évolution sociale, n'est autre que la vieille morale, la morale de l'absolu et du devoir. Maintenant pourquoi cette morale a-t-elle été créée par la société? C'est évidemment parce que la société en avait besoin pour vivre. La morale (et j'entends par ce mot la morale vulgaire) est, dans les sociétés actuelles, un organe nécessaire. Cet organe a été produit parce qu'il était nécessaire, de même que, selon la doctrine évolutioniste, l'évolution a produit des yeux, des oreilles, parce que l'animal avait besoin de voir et d'entendre. Les organes produits par les besoins, c'est la formule évolutioniste par excellence.

Admettons avec nos adversaires que la morale du devoir qui existe chez tous les peuples civilisés ne soit pas, comme le croit le vulgaire, une muraille éternelle de diamant indestructible créée par

Dieu même ; admettons que ce soit une digue contre la barbarie, digue construite par les générations antérieures, et fixée, agglutinée par l'hérédité seulement. Alors si la science vient à détruire la digue, qu'arrivera-t-il ? La mer entrera, c'est-à-dire la barbarie viendra recouvrir l'état social. Il arrivera aux sociétés humaines ce qui arriverait aux Pays-Bas, si les digues de l'Océan étaient rompues ; l'Océan viendrait couvrir villes et campagnes, et toute cette contrée artificielle serait recouverte par les eaux.

La société s'appuie sur la morale. La morale n'est qu'une illusion. La science arrive, explique l'illusion ; la morale disparaît, mais comme conséquence la société s'écroule. Prêchez aux hommes qu'il n'y a ni bien ni mal absolu, qu'ils ne sont obligés à rien, que le plaisir et la vertu sont identiques. Enseignez-leur que l'obligation et la sanction à laquelle ils croient sont chimériques, et que chacun a le droit de faire ce qu'il lui plaît, et vous verrez, nonobstant la sympathie et la théorie de l'intérêt social, les égoïsmes se mettre en face l'un de l'autre et la guerre civile éclater partout.

La société, selon les évolutionistes, repose sur une erreur. Les hommes, selon ce système, n'obéissent à la morale que parce qu'ils sont dupes d'une illusion provenant elle-même de leur constitution cérébrale héréditaire. Appelez la science ; elle dissipera l'illusion, mais la société s'écroulera en même temps. Qu'arrivera-t-il ensuite ? Revenue à la barbarie, l'humanité périra-t-elle entièrement ? Les hommes s'extermineront-ils jusqu'au dernier ? Cela n'a rien d'impossible ni même qui soit contraire au système de l'évolution. Je ne vois pas pourquoi l'immense ossuaire qui a enseveli les grands reptiles, les grands carnassiers des temps quaternaires et les mammouths n'engloutirait pas la race humaine. Pourquoi le genre humain ne passerait-il pas à l'état de race éteinte, objet des études de paléontologistes appartenant à une race supérieure ? Tout ce qui commence doit finir ; tout ce qui naît doit mourir. L'évolution sociale qui a créé la morale, peut elle-même avoir son terme. Pourquoi le moment où le fatal secret est découvert, où la duperie du devoir est dévoilée, ne serait-il pas le signal de la fin des sociétés ?

Rien n'empêche d'ailleurs de faire une autre hypothèse. L'humanité retombant dans la barbarie pourra peut-être retomber dans son ignorance primitive. Elle pourra perdre ses traditions ; elle pourra être délivrée de la science et surtout de cette doctrine de l'évolution en morale qui est contraire au préjugé du devoir. Revenue au point de départ, elle pourra recommencer son évolution. De nouveau, l'intérêt social portera à classer les actes en bons et en mauvais. De nouveau l'hérédité en fixant les expériences passées en transformera la nature. Les préjugés du devoir et du bien absolu reparaîtront, l'héroïsme, la vertu, le sacrifice, toutes ces illusions que la science avaient détruites, fleuriront de nouveau sur le sol renouvelé de l'humanité. Les sociétés civilisées renaîtront et se développeront jusqu'au jour fatal où un docteur imprudent, révélant aux hommes le funeste secret, détruira de nouveau le fondement illusoire de l'état social.

L'antiquité semble avoir deviné cette histoire et l'avoir représentée dans la fable de Psyché. Le bonheur de Psyché cesse dès l'instant où elle a eu l'imprudence de chercher à voir son divin époux. De même, la société humaine doit s'écrouler du jour où elle a découvert dans sa vraie nature le principe mystérieux qui sert de lien entre ses membres.

Telle est donc la doctrine évolutionniste appliquée au passé et à l'avenir de la morale. Mais en exposant cette doctrine, je n'ai rempli qu'une partie de ma tâche. J'ai montré qu'elle est odieuse, révoltante, brutale, antisociale, il me reste à vous montrer qu'elle est fausse. J'ai montré que la science, au nom de laquelle on veut détruire les antiques croyances, est funeste et dangereuse. Il me reste à montrer que ce n'est pas une science, mais un amas d'erreurs, et que cette théorie est contraire à l'évidence historique et scientifique comme elle l'est déjà, sans aucun doute, à l'évidence de la conscience. J'ai montré que le même lien qui existe entre la religion et la morale existe également entre la morale et la civilisation, que ces trois choses, croyance religieuse, idée du devoir, société civilisée, sont étroitement unies et périraient ensemble si une des deux premières était détruite. Il me reste à montrer que ces trois choses ne sont pas l'œuvre éphémère et contingente du hasard gouvernant une évolution inconsciente, mais l'œuvre éternelle du Dieu qui a créé chaque être, qui lui a donné sa nature, et qui, selon l'expression admirable d'un des pères de la poésie grecque, Hésiode, a « ordonné aux animaux de s'entr'aider, mais a donné aux hommes, et aux hommes seuls, le sentiment de la justice, qui est bien préférable ».

Cette démonstration se partage naturellement en deux parties : dans la première, je discuterai le système de l'évolution en tant qu'il enseigne que l'homme sort de l'animal et que la morale est le produit des instincts sociaux. Dans la seconde, j'examinerai les arguments que les évolutionnistes peuvent tirer de l'état primitif de l'humanité et des variations des notions morales dans l'histoire, et j'essayerai de substituer à leurs hypothèses une théorie plus conforme aux faits sur l'origine, le développement et l'avenir des idées morales dans l'humanité.

L'HOMME ET L'ANIMAL

L'application faite par certains auteurs modernes à l'origine de la morale du système fascinateur de l'évolution universelle oblige les défenseurs de l'idée absolue du devoir à prendre ce système lui-même à partie. Sans nous prononcer sur sa valeur dans son application à d'autres faits, nous devons montrer qu'il est mal fondé, en ce qui concerne la nature humaine, et que l'évolution graduelle et insensible ne saurait expliquer l'origine de cet être qui, seul, dans l'univers connu, porte avec justice le nom d'être pensant, et qui, seul également, porte le glorieux titre d'être moral et religieux. Si, en effet, l'homme était l'œuvre d'un progrès lent et insensible, si l'animal était devenu homme par le développement graduel de ses propres facultés, il serait difficile de ne pas appliquer aux idées morales cette théorie générale du progrès. Ce principe étant admis, la supposition étant faite, *a priori*, que les notions morales, comme les autres phénomènes humains, ne sont que des transformations de phénomènes analogues chez l'animal, toute la théorie que nous avons exposée dans le précédent article s'ensuivrait d'une manière assez logique.

Si, en effet, il était certain qu'il y a un passage graduel et insensible de l'état des animaux à celui de l'homme, la série des degrés que les évolutionistes supposent, la formation de la morale par l'instinct social, sa fixation par l'hérédité, acquéreraient une certaine vraisemblance. On pourrait sans doute faire, comme nous le verrons plus loin, de graves objections à divers points de la théorie. On pourrait trouver les explications qu'elles fournit très insuffisantes, mais le fait principal, à savoir, la formation graduelle des idées morales, étant admis, les explications même imparfaites de ce fait acquéreraient une certaine probabilité.

Tout autre sera l'état de la question, s'il est clairement démontré qu'entre la nature de l'animal et celle de l'homme, il y a, non une transition graduelle et un simple développement, mais un passage brusque d'une région à une région supérieure, et l'apparition de nouvelles facultés distinctes des facultés de l'animal et transcendantes par rapport à celles-ci. Dès lors, l'homme, considéré au point de vue intellectuel et moral, étant une chose, et l'animal une autre chose, le progrès général réel ou hypothétique du règne animal et le progrès certain des sociétés humaines étant deux ordres de phénomènes de nature et de source distinctes, entre lesquels il n'y a pas continuité, rien n'oblige, rien ne pousse même à chercher les sources de la moralité dans l'état hypothétique d'un anthropoïde antérieur à l'existence de l'homme raisonnable et pensant. Il est permis, il est naturel de chercher cette origine dans la nature même de l'homme. Dès lors encore, les explications de cette origine tirées de l'instinct social et de l'hérédité, privées de l'appui du principe général de l'évolution, se trouvent réduites à leur force propre, et il devient aisé d'en démontrer la vanité et de leur substituer une autre explication plus conforme aux traditions et aux croyances du genre humain, et aux conditions d'existence des sociétés. Il importe donc, avant tout, pour l'impartialité même de la discussion, de traiter la question du rapport qui existe entre l'homme et l'animal, ou, pour nous servir de l'expression d'Aristote, entre l'animal raisonnable et l'animal dépourvu de raison.

I

La question que je veux traiter n'est pas précisément celle de l'origine historique de l'homme. Je ne vais pas me demander si le corps humain a été formé d'une matière inorganique, comme semble l'indiquer le texte de Moïse, ou si ce serait dans un organisme animal, formé par une évolution précédente, que l'âme humaine et ses facultés supérieures auraient commencé d'exister. Ce que je soutiens, c'est que l'homme est distinct de l'animal, quant à sa nature ; c'est qu'il y a dans l'homme un principe supérieur qui n'existe pas dans les animaux. C'est, par conséquent, que l'homme, s'il sortait de l'animal, n'en sortirait pas par un progrès graduel et par le développement de forces préexistantes, mais par une transformation brusque et par l'infusion d'un principe nouveau. Ce que je nie, c'est qu'il puisse y avoir continuité dans le passage de l'état d'animal à celui d'homme. Ce que je soutiens, c'est uniquement et exclusivement ceci, qu'entre l'homme et l'animal, il y a, au point de vue de la raison, un intervalle que l'évolution graduelle ne saurait franchir, un abîme qu'elle ne saurait combler, une véritable rupture de continuité dans la série des êtres, rupture prouvée par les faits, et qu'aucune théorie n'a le droit de contester.

Un intervalle de ce genre, un passage brusque d'un ordre à un ordre supérieur existe déjà dans la nature. C'est le passage entre l'être inorganique et l'être doué de vie. Merveilleuses sont les transformations de la nature dépourvue de vie. L'électricité, la chaleur, les mystérieuses affinités des atomes, produisent, par leurs jeux variés, des phénomènes d'une diversité qui dépasse les prévisions de l'imagination. Mais il est un ordre supérieur de phénomènes que ces forces sont impuissantes à créer, et qui exige pour naître une nouvelle effusion de cette activité industrieuse dont la source est en Dieu. Dès qu'apparaît la cellule vivante, c'est un monde nouveau qui se produit, avec des substances et des lois que la nature inorganique ne connaissait pas. Il y a dans le monde inorganique des types nombreux de formes géométriques se reproduisant toujours, d'une manière invariable, dans les mêmes circonstances. Dès que la vie apparaît, d'autres types, d'autres formes se manifestent, mais ces types se développent, grandissent, croissent et meurent. Un double mouvement de nutrition et de sécrétion anime et renouvelle constamment leur nature. Enfin, par une puissance merveilleuse, et que rien dans le monde inférieur ne pouvait faire prévoir, ces êtres se reproduisent, et d'un seul individu, d'un seul couple, sort une série indéfinie d'individus semblables. Entre le monde organique et le monde inorganique, il y a donc rupture, passage brusque, solution de continuité. Or ce que je soutiens en ce moment, c'est qu'une solution de continuité semblable existe entre l'animal et l'homme. De même que de l'atome qui n'est susceptible que d'agrégation et de désagrégation, à la cellule qui se nourrit et se reproduit, il y a une solution de continuité incontestable, de même entre l'être qui vit, qui se meut, qui sent, mais qui ne connaît pas la vérité, et ne s'élève pas au-dessus des sensations et l'être qui pense et qui possède la science, il y a un abîme qu'aucune transition graduelle ne franchit. Les corps vivent ou ne vivent pas, ils ne vivent pas à moitié ; les êtres vivants et sentants pensent ou ne pensent pas, ils ne pensent pas à moitié. Telle est la thèse importante que je vais essayer de démontrer.

II

Il existe entre l'homme et les animaux une différence évidente, qui n'a besoin pour être constatée d'aucune observation scientifique : c'est l'existence du langage, privilège de l'humanité. Tous les hommes parlent et comprennent mutuellement leur propre langage. Aucun animal ne parle, aucun ne comprend le langage humain. Le fait est évident. Entre l'être parlant et l'être ne parlant pas, il n'y a pas d'intermédiaire connu. Le plus dégradé des sauvages de l'Australie a un langage, une grammaire, un vocabulaire qui peut se traduire dans celui d'une autre langue. Il peut apprendre à parler anglais, français, arabe; il peut apprendre à lire l'écriture et reproduire sa pensée par écrit. Le plus intelligent des éléphants ou des chiens, vivant en rapport continuel avec l'homme, n'est pas arrivé à converser avec son maître, ni à établir entre l'homme et lui un système de signes correspondant au langage humain. Que signifie cette différence et quelles sont les conséquences qu'elle implique? Elle ne tient pas au fait que l'homme a des organes plus parfaits qui lui permettent d'articuler des mots. Ce serait une explication superficielle et complètement inexacte.

L'articulation n'est que l'élément matériel du langage. Elle n'est pas nécessaire. Le sourd-muet apprend à parler par signes. L'écriture équivaut au langage parlé. Il n'y aurait donc aucune impossibilité à ce qu'un être privé de la faculté d'articuler pût communiquer avec l'homme par des signes équivalents à la parole. La faculté d'articuler, d'ailleurs, n'est pas absolument absente chez les animaux. Elle peut être développée chez quelques-uns, et on ne voit pas qu'ils acquièrent ainsi la faculté de converser avec l'homme par la parole. Ce n'est pas non plus faute de moyens de communication entre l'homme et l'animal que celui-ci n'apprend pas à parler. L'enfant parvient sans effort, par le simple fait qu'il vit auprès de parents qui parlent entre eux et qui lui parlent, à connaître le sens des mots usuels, et bientôt les phrases sortent de sa bouche. Le chien vit dans la même intimité, il entend parler, on lui parle. Bien plus, il comprend ce qu'on lui dit, il obéit à la parole et aux gestes de ses maîtres. Il se fait comprendre d'eux; il exprime ses sensations, ses désirs; il sait prier, demander, menacer. Entre lui et l'homme, il y a un langage véritable, une multitude de signes compris de part et d'autre.

Mais, nonobstant cette intimité, il existe entre le chien et son maître une infranchissable barrière. Intelligent, comprenant les choses qui lui sont dites et les signes qui lui sont faits, le chien ne comprend pas la parole prononcée devant lui. Le langage humain par lequel ses maîtres communiquent ensemble, ce langage dont le petit enfant comprend le sens, est pour lui une énigme qu'il n'essaye pas de deviner. Et s'il arrivait qu'il le comprenne et qu'il parvienne à répéter ce qu'il a compris, si, par un moyen quelconque, il arrivait à montrer qu'il a pénétré le sens de la parole humaine, s'il répétait un secret manifesté devant lui, on crierait au miracle, et on reconnaîtrait qu'une loi fondamentale de la nature est momentanément suspendue. Il y a donc dans le langage humain, ou plutôt dans la pensée humaine qui revêt la forme du langage, une propriété particulière qui la rend inaccessible et inintelligible aux êtres inférieurs. Essayons de déterminer en quoi cette propriété consiste, et de chercher quelle faculté la parole implique dans l'être qui en est doué.

III

Le caractère principal et universel du langage humain, c'est d'être grammatical. Chaque langue a sa grammaire et, chose remarquable, ce sont souvent les langues des peuples sauvages qui ont la grammaire la plus compliquée. La grammaire est comme l'âme du langage; c'est elle qui caractérise chaque axiome; le vocabulaire change, les mots se substituent aux mots, comme dans le corps animal les molécules aux molécules, mais la grammaire, semblable à la forme idéale et permanente de l'organisme, subsiste sans se modifier, ou ne subit que de très lentes modifications. Or il y a dans la forme grammaticale du langage un élément premier que l'on peut comparer à la cellule, élément premier des organismes vivants. Ce premier élément, c'est la phrase simple, contenant un sujet et un attribut, reliés par un signe d'affirmation.

Prenons une phrase de ce genre : Ce cheval est rapide, Pierre est bon. Le premier élément de la phrase, le sujet, peut désigner un être visible. Cet élément peut être compris de l'animal. L'animal a un nom comme l'homme; il peut connaître le nom de son maître. Il voit le cheval, on peut le lui montrer et il le reconnaîtra. Mais le second élément, l'attribut, l'adjectif, est toute autre chose. Cet attribut n'est pas un être visible, déterminé; c'est une propriété générale, la bonté, la méchanceté, la blancheur, la solidité, la rapidité, propriété qui peut se trouver dans un grand nombre d'êtres. Cet attribut, c'est une idée générale signifiée par un mot. Ce sont ces idées générales, applicables à d'autres êtres, qui constituent le fond de la langue humaine. Les noms propres ne sont que l'exception ; ce sont les noms communs qui remplissent le discours et qui constituent le vocabulaire humain. Abstraire ainsi la qualité de son sujet, saisir à part et nommer une notion générale qui s'applique à plusieurs objets, c'est le trait propre de l'intelligence humaine. C'est là ce que l'animal ne peut faire à aucun degré, et c'est pourquoi, malgré son intelligence, il ne comprend pas les mots prononcés devant lui. L'animal n'a que des notions concrètes, il connaît ce qu'il voit, ce qu'il touche, ce qu'il sent; sa mémoire peut reproduire des phénomènes semblables à ceux qu'il a éprouvés, mais une propriété générale, une qualité appartenant à tous les objets d'une classe déterminée, c'est ce qu'il ne peut concevoir : il ne comprend pas le mot qui désigne cette sorte d'objets. Son vocabulaire ne comprend rien des noms propres ou des sensations et des ordres actuels et déterminés, des phénomènes particuliers appartenant à un sujet individuel, et accomplis dans un certain lieu et à certain moment.

Toute idée générale, toute notion abstraite lui est interdite. Mais ce n'est pas tout, et la même phrase primitive, le même élément grammatical va nous révéler une seconde propriété du langage, ou plutôt de la pensée de l'homme.

Après avoir conçu l'attribut en le séparant radicalement de son sujet, après avoir considéré à part et désigné sous un nom particulier l'idée générale de bonté, de méchanceté, de grandeur, de vitesse, l'homme reconnaît que cet attribut appartient à un sujet. Alors il prononce un jugement, il affirme que le sujet est réellement doué de cette qualité, que tel homme est vraiment méchant, que le cheval qu'il voit est vraiment plus grand que le chien qui est à côté de lui. Or affirmer, qu'est-ce? C'est prononcer qu'une chose existe, c'est déclarer qu'il est vrai qu'elle existe. Affirmer, c'est déclarer une vérité. Et maintenant la vérité, l'être, que sont ces idées? Ce sont des idées absolues. Qui affirme le vrai, déclare que le vrai n'est pas faux et cela d'une manière absolue. L'homme affirme; l'animal sent et voit, mais il n'affirme rien. Il ne se pose pas la question du vrai et du faux; il ne se demande pas si une chose est ou n'est pas, il agit et il se conduit d'après ce qui lui paraît. L'animal vit dans le relatif; son horizon se borne à ce qu'il éprouve et à ce qu'il perçoit par ses sens. L'homme affirme la réalité ou la non-réalité de ce qui est en dehors de lui et entre dans le monde de l'absolu. Ainsi, perception de l'universel par l'abstraction qui dégage les qualités de leur sujet; perception de l'absolu manifestée dans le jugement qui contient les notions absolues d'être et de vérité, telles sont les deux propriétés fondamentales de l'intelligence humaine qui se manifestent dans la forme élémentaire et primitive de son langage. Ces facultés de l'âme humaine sont extrêmement fécondes. Elles ouvrent à sa pensée un champ immense de conceptions qui sans elles seraient impossibles.

L'idée générale, la notion abstraite, c'est un objet invisible, insensible, immatériel, uni au son de la parole, qui lui sert comme d'étiquette, mais qui lui est étranger, puisque les mêmes idées sont traduites dans les différentes langues par des sons distincts. Cette idée générale appartient à un monde supérieur à celui des sensations. Une fois entré dans ce monde, une fois en possession de la connaissance de l'immatériel, l'homme s'élève à des réalités invisibles. La beauté, la justice, la conscience, deviennent l'objet de sa contemplation. Dans ce monde invisible, il peut, par une nouvelle conception de l'esprit à laquelle le langage sert d'appui, deviner et découvrir des êtres réels et vivants, tels que l'âme humaine, les esprits et l'Être suprême. Tous ces êtres ne pourraient pas être nommés et définis sans cette forme de pensée qui s'élève au-dessus des sens.

C'est en effet sur le signe de la parole que la pensée s'appuie exclusivement dès qu'elle s'élève au-dessus du monde des sensations.

D'autre part, l'absolu que nous trouvons dans le jugement, sous la forme d'être, de vérité, de certitude, n'est pas borné à cette seule conception. S'il y a un être qui exclut le néant, un vrai qui exclut le faux, il y aussi une beauté absolue qui exclut la laideur. L'intelligence humaine, par sa faculté de juger, distingue le beau en soi de ce qui est simplement agréable; elle juge elle-même et apprécie l'impression de sa sensibilité. De même dans l'ordre moral, elle discerne le bien en soi du bien qui n'est bien que pour nous, le bien honnête du bien utile, le devoir absolu de l'intérêt relatif, le bien réel du bien apparent. Ainsi dans le monde supérieur où l'homme entre par cette forme spéciale de pensée dont le langage est le vêtement, se trouvent l'immatériel, l'invisible, l'être spirituel, l'absolu, le vrai, le beau et le bien. Toutes ces régions supérieures de la pensée, toutes ces hautes cimes d'où découlent les beautés de l'art, de la littérature, les splendeurs de la conscience, de l'héroïsme, de la vertu et de la passion, ne sont accessibles à l'homme que par la porte de l'abstraction et du jugement. C'est cette forme spéciale de la pensée qui est la première intuition à cette vie supérieure de l'âme. Je ne veux pas dire par là que l'abstraction et le jugement soient les deux seules facultés propres à l'homme; je ne veux pas dire qu'il ne puisse y avoir d'autres facultés supérieures; c'est une question en dehors de mon sujet. Ce que je dis, c'est que cette forme générale de la pensée qui se traduit par le langage, cette connaissance des idées générales obtenue par l'abstraction et cette faculté mystérieuse du jugement qui perçoit et affirme l'absolu, sont comme l'instrument ou plutôt l'organisme qui sert à l'homme à s'élever dans les régions supérieures aux sens. Une comparaison tirée du monde inférieur des êtres visibles rendra notre pensée plus claire.

Dans le monde inorganique, il y a des forces mystérieuses qui assemblent les atomes sous des formes géométriques invariables. Le cristal peut se former, il peut ensuite se dissoudre, mais tant qu'il dure, ses molécules diverses doivent rester fixées à la place où leurs affinités les ont amenées. Toute autre est la cellule vivante; celle-ci perd constamment sa substance par la sécrétion et la reconquiert par la nutrition. Elle possède une force spéciale, la vie, qui n'existait pas dans le cristal. Or c'est de la cellule que sortent toutes les formes de la vie. Ces organismes si variés, si flexibles, adaptés à tant de besoins divers, servant à produire tant de sensations, de désirs et de mouvements, vivent tous de la vie de la cellule. C'est par ce mouvement continuel de nutrition et de destruction qu'ils trouvent la puissance d'accomplir leurs fonctions si variées. Que le mouvement s'arrête, et ils deviendront impuissants et tomberont sous le joug des forces inorganiques. Entre l'atome chimique et la cellule vivante, il y a une transition brusque, un principe nouveau, et de ce principe sort un monde nouveau, le monde de la vie, tout différent de celui de la matière inorganique.

De même, nous trouvons dans l'animal une intelligence qui a son champ limité, celui des sensations et des relations actuelles avec les êtres visibles qui l'entourent. Il a une forme de pensée et de jugement que nous ne pouvons que deviner, mais dont les limites nous sont connues; elles ne s'élèvent jamais au-delà du visible et du relatif. L'homme, au contraire, possède cette faculté spéciale qui saisit l'universel et l'absolu, faculté qui se traduit par le langage et se manifeste dans la moindre phrase. Cette faculté transcendante, cette forme vitale spéciale de la pensée, qui consiste, comme la vie organique, en décomposition et recomposition, décomposition par l'abstraction et recomposition par le jugement, est un organe d'une fécondité merveilleuse qui ouvre devant l'homme les horizons de l'idéal, de l'invisible et de l'absolu. Toutes les variétés de la pensée, toutes les conceptions de la philosophie, les beautés de la littérature et de l'art, s'appuient sur la phrase composée du sujet, de l'attribut, comme toutes les fonctions du règne végétal et animal, et toute la variété des êtres qu'il contient, reposent sur les cellules vitales dont leurs tissus sont composés. Entre l'intelligence de l'être qui ne parle pas, parce qu'il ne sait pas abstraire et affirmer, et l'intelligence de celui qui parle, il y a une différence analogue à celle qui existe entre l'être qui ne vit pas, qui demeure immobile dans son existence inerte, et l'être vivant qui se nourrit et dont la substance se meut constamment en suivant les mailles d'un invisible tissu. De part et d'autre, il y a rupture de continuité dans la chaîne des êtres, et le système de l'évolution graduelle se trouve convaincu d'erreur. Nier cette discontinuité, c'est nier l'expérience même, c'est substituer aux faits des théories arbitraires.

Nous pouvons donner une nouvelle preuve de cette vérité et nous appuyer sur les arguments mêmes que nos adversaires allèguent. Afin d'essayer de combler l'abîme qui sépare l'homme de l'animal, les évolutionistes s'efforcent d'accumuler un grand nombre de faits extraordinaires d'intelligence des animaux; ils nous montrent l'éléphant traînant des pièces de bois et faisant sa journée de travail comme un ouvrier, le chien allant acheter pour son maître quelque objet et portant fidèlement le prix au marchand. Ils s'efforcent de prouver que le jugement, le raisonnement même se trouvent chez l'animal. D'un autre côté, ils font observer qu'il y a certaines peuplades sauvages chez lesquelles les facultés intellectuelles semblent très peu développées. Bien loin de combattre la thèse que je soutiens, ces exemples servent au contraire à la confirmer. En effet, ces animaux si intelligents n'arrivent jamais à comprendre le langage humain, à converser avec l'homme par des phrases composées de mots, à écrire des signes intelligibles.

Au contraire, les sauvages quelque dégradés qu'ils soient, quelque restreint que semble être l'horizon de leurs idées, ont cependant un langage, une grammaire; ils arrivent à comprendre la langue des peuples civilisés, et il n'est aucune de ces races qui soit rebelle à un commencement d'instruction élémentaire. Qu'est-ce que cela signifie, sinon qu'entre l'intelligence de l'animal et celle de l'homme il y a une différence non de degré, mais de nature et d'espèce, sinon que le plus intelligent des animaux est aussi loin du langage humain que celui dont les sensations en sont les plus obtuses, sinon que le plus dégradé et le moins développé des hommes possède déjà dans le langage ce qui manque à tous les animaux? N'est-ce pas la preuve évidente qu'il y a entre l'animal et l'homme une rupture complète de la loi de continuité? Mais cette rupture devient plus évidente et plus manifeste encore, si nous considérons l'homme non plus seulement dans sa vie individuelle, mais dans ses rapports avec les autres hommes, et si nous comparons les sociétés humaines à celles que l'on observe chez les animaux.

IV

Si la parole est le trait qui distingue l'homme individuel de l'animal, le trait propre des sociétés humaines, c'est la perfectibilité. Les sociétés humaines sont capables de progrès. Le progrès chez elles n'est sans doute pas nécessaire, il est intermittent, il a lieu chez certains peuples et dans certaines circonstances. Chez d'autres peuples et dans d'autres circonstances, le progrès s'arrête et est remplacé par la décadence. L'action irrégulière de la liberté humaine, l'influence favorable ou funeste des grands hommes, des conquérants, des souverains puissants, sont des causes qui peuvent accélérer, ralentir ou même arrêter le progrès général. Néanmoins ce progrès existe, et il n'est pas douteux que les sociétés humaines ne soient perfectibles. Ce qu'il importe d'observer, c'est que l'une des causes, et peut-être la cause la plus puissante de cette perfectibilité, consiste dans la faculté d'abstraire et de juger particulière à l'homme, et dans le langage qui en est l'expression visible, et qui sert à communiquer la science d'une intelligence à une autre. Grâce à ces termes généraux qui s'appliquent à une foule d'objets semblables, les expériences individuelles peuvent être rassemblées et résumées dans des lois qui se fixent aisément dans la mémoire. L'écriture permet de graver ces résultats de telle sorte qu'ils ne peuvent pas périr. Chaque génération profite ainsi des expériences des générations précédentes. Une tradition de vérités acquises, une accumulation de science se forme ainsi dans les sociétés humaines et grandit parallèlement à cette accumulation de puissance physique, résultat du travail des générations antérieures et que nous nommons le capital. C'est grâce à ces deux forces, intellectuelle et physique, toujours croissantes, que l'humanité peut marcher dans la voie du progrès. Il est cependant nécessaire, pour que cette marche progressive ait lieu, que les efforts des hommes soient constamment dirigés vers un même but, que les écarts de leur liberté soient prévenus et corrigés, et que les actions individuelles convergent vers l'accomplissement d'une même fin. Ce sont là les conditions du progrès, qui ne se réalisent que dans certaines circonstances. Mais la principale force progressive, le véritable moteur du progrès, c'est l'accumulation de la science provenant elle-même de la tradition, laquelle n'est qu'une application du langage à la transmission aux enfants des vérités acquises par leurs parents.

Aussi ne devons-nous pas nous étonner que l'animal, dépourvu du langage humain et de la pensée qui lui correspond, ne possède pas, quand il est constitué à l'état social, la même perfectibilité. Mais l'animal est-il vraiment perfectible? Les sociétés animales sont-elles susceptibles de progrès? A cette question, on peut faire deux réponses, l'une est tirée de l'expérience, la seconde du système moderne de l'évolution. La réponse de l'expérience est négative. La stabilité est le caractère des instincts des animaux et des sociétés dont ces instincts sont le lien. Sauf les cas où l'homme intervient par le travail raisonné de l'éducation, les animaux sont ce qu'ils étaient aux époques les plus reculées que nous connaissons. La monarchie des abeilles n'a subi dans sa constitution aucun changement; ces insectes cherchent le miel et bâtissent les rayons, en suivant la même forme géométrique qu'autrefois. La république des fourmis se comporte de nos jours comme au temps où elle a été observée pour la première fois. Les castors bâtissent leurs huttes comme dans l'antiquité. A la place du progrès mêlé de décadence et interrompu par des crises, que nous voyons dans le monde humain, le monde animal nous présente le spectacle de l'ordre, de l'uniformité, d'une régularité presque aussi grande que celle que nous observons dans les mouvements des astres. Et cela n'a rien d'étonnant. Chez l'animal, point de science, point de tradition, point d'accumulation d'expériences. L'animal n'est guidé que par ses sensations actuelles ou par celles que sa courte mémoire conserve. Il vit dans un monde relatif très restreint. Il sent, il perçoit, il agit, mais il ne sait rien. La science, résultat de l'abstraction et de l'affirmation, lui est étrangère. Ne sachant rien, il ne peut rien transmettre.

Seulement à cette impuissance qui résulte de la forme inférieure de son intelligence, la nature a suppléé. Des instincts, forces mystérieuses et inconnues dont nous ne voyons que les effets, dirigent l'animal dans sa conduite et dans ses mouvements. Ces instincts sont précis, déterminés, compliqués. Ils poussent l'animal vers un but que celui-ci ne connaît pas. Ils se diversifient suivant le rôle que chaque animal doit jouer dans le corps social. Autres sont les instincts des abeilles ouvrières, autres ceux des mâles, autres ceux des reines. Tout ce qui, dans les sociétés humaines, serait accompli par une législation fixée par l'autorité en vue de besoins sociaux qu'elle comprend, est accompli dans la société animale par la force mystérieuse de l'instinct, qui semble une intelligence supérieure superposée à celle de l'animal, et à laquelle celui-ci est obligé d'obéir. Or ces instincts, aveuglément obéis, sont invariables, ils font partie des caractères fixes de chaque espèce. L'expérience ne montre donc, chez l'animal, aucune perfectibilité.

Maintenant, si nous écoutons les docteurs modernes, ils nous diront que, sous cette stabilité apparente, se cache un progrès d'une extrême lenteur, que les caractères fixes de chaque espèce se sont formés pendant de longs siècles, sous l'action combinée de la sélection naturelle et de l'hérédité. Ils nous diront que les instincts de chaque espèce sont l'accumulation des instincts des espèces antérieures, que ces instincts se sont perfectionnés, avec le temps, comme les espèces elles-mêmes. Nous ne discuterons pas ce système qui ne nous semble encore fondé sur aucun fait démontré; mais nous observerons qu'entre ce progrès, réel ou hypothétique, mais infiniment lent, des espèces animales, et le progrès certain et constaté par l'histoire des sociétés humaines, il y a un abîme. Les causes de ses divers progrès sont toutes différentes, et leur rapidité est si inégale, qu'ils ne peuvent être comparés ni, à plus forte raison, être ajustés bout à bout pour ne former qu'une seule et unique évolution. Le progrès, s'il existe, des espèces animales se fait uniquement par la sélection et l'hérédité; le progrès humain se fait par la science, la tradition et la liberté.

Le progrès supposé par les évolutionnistes est si lent, qu'on ne constate pas un seul pas en avant mesurable depuis l'origine de l'histoire de l'humanité : sa marche est réglée sur l'horloge infiniment lente des périodes généalogiques, où des milliers de siècles ne comptent que comme un jour pour les hommes. Le progrès des sociétés humaines s'accomplit dans l'histoire, et quand sa marche est rapide, une génération d'hommes suffit pour que des améliorations très sensibles s'accomplissent. Ici encore nous rencontrons entre l'homme et l'animal une complète disparité. Ici encore se manifeste la transcendance de la nature humaine, et le passage brusque et sans intermédiaire d'un ordre à un autre.

L'homme est, sans doute, un animal par la partie inférieure de son être. Son organisme est celui d'un animal, ses sensations physiques sont analogues à celles des êtres inférieurs; on trouve, chez l'animal, un certain degré de mémoire, une sorte de jugement inférieur, il possède des affections et des passions analogues à celles de l'homme. L'hérédité, chez l'un comme chez l'autre, transmet, avec la forme extérieure du corps, un tempérament particulier et certains traits de caractère. Mais, considéré dans sa partie supérieure, l'homme diffère absolument de l'animal, non en degré, mais en espèce. Il y a, chez l'homme, des facultés spéciales qui n'existent pas, même à l'état rudimentaire, chez l'animal. Par la pensée abstraite et le langage qui la révèle, l'homme pénètre dans un monde nouveau, le monde moral et intellectuel. Seul, il monte jusqu'à la contemplation de l'invisible et de l'absolu; seul il atteint la science, seul il perçoit le beau, seul il connaît le devoir, seul il s'élève jusqu'à Dieu. Seul aussi, grâce à ses facultés, il est susceptible, à l'état social, d'un progrès appréciable par l'expérience. C'est donc en vain que l'on s'efforce de rabaisser l'homme jusqu'à l'animal. Ces doctrines dégradantes et révoltantes, qui vont chercher les sources de la vertu dans les instincts des bêtes, sont des doctrines antiscientifiques. Elles se fondent sur une fausse observation des faits. Elles assimilent ce qui diffère du tout au tout; elles substituent des analogies éloignées aux vraies ressemblances, des théories générales et arbitraires à la véritable expérience.

Il est impossible de lire les ouvrages où sont exposées ces honteuses doctrines sans reconnaître dans leurs auteurs un parti pris évident et la volonté de faire rentrer, bon gré mal gré, dans des cadres tracés *a priori*. La grande synthèse d'Herbert Spencer, qui prétend donner, en quelques principes généraux, l'explication de l'univers entier et nous révéler tous les secrets de la nature, est, de toutes les théories hypothétiques que j'ai rencontrées jusqu'ici, la plus aventureuse. Sous l'apparence d'une classification de faits, c'est une déduction logique et analogue à celle d'Hegel. Rien n'est plus contraire aux sévères méthodes scientifiques inaugurées par Bacon. Il est difficile aussi de ne pas penser que le succès de ces doctrines tient en partie à leurs conséquences. En abaissant l'homme au rang des bêtes, on le débarrasse du joug du devoir, et en supprimant la différence si évidente entre la vie rationnelle et morale et la vie des sens, on permet à cette vie inférieure de s'emparer de l'homme tout entier.

La vraie science parle un autre langage. Elle reconnaît la ressemblance entre l'homme et l'animal, mais elle constate aussi les différences, et lorsqu'elle compare l'être doué de la parole, l'être moral, religieux, connaissant la vérité, et l'être qui ne fait que sentir et qui ne perçoit que le visible, elle dit : L'homme n'est pas seulement une espèce distincte; il n'est pas seulement une classe, un ordre, il constitue à lui seul un règne humain, dont la parole est le caractère extérieur et dont la connaissance de l'invisible et de l'absolu, ou ce qui revient au même, la connaissance de Dieu, est le caractère intérieur et le trait distinctif suprême. Dès lors il est oiseux de chercher dans l'observation des animaux le secret de l'origine de la morale. La morale n'existe pas chez l'animal; elle est un fait exclusivement humain, c'est dans la nature humaine qu'il faut en chercher la source.

V

Le passage graduel de l'animal à l'homme, fondement et principe du système évolutioniste appliqué à la morale, étant une chimère, le système lui-même doit périr. Il sera bon cependant d'en considérer directement les deux thèses principales, la formation de règles morales par l'instinct social et la production d'un absolu imaginaire par l'hérédité, afin de voir si elles peuvent soutenir un examen sérieux et impartial. Et d'abord est-il possible d'admettre que l'état social humain ait précédé la notion de moralité, et que ce soient les blâmes et les éloges, les châtiments et les récompenses imposés par la société qui aient produit les notions de bien et de mal? Il faudrait pour cela que la société humaine ait pu exister antérieurement à la conception de la notion du devoir. Or nous pouvons démontrer que cela est impossible. En effet, nous avons montré que l'on ne peut tirer aucune analogie des sociétés animales. Celles-ci sont construites par la nature sur un plan tout différent. Il y a chez les animaux doués de sociabilité une série d'instincts aveugles parfaitement déterminés, qui servent de lien à la société. Les abeilles conservent le nombre suffisant de mâles et de reines pour la reproduction de la race, elles tuent les autres. Elles construisent d'avance le nombre de cellules nécessaire pour chaque espèce d'habitants de la ruche. Elles ne savent pas pourquoi elles agissent ainsi. Elles sont déterminées par la nature à ce genre de travail. Dans les sociétés animales, tout est régulier, uniforme, *quasi mécanique*. Elles ne supposent, pour être constituées, aucune moralité; jamais on n'y voit la lutte entre le devoir et la passion. Elles ne se perfectionnent pas; et aucune moralité n'est produite dans l'avenir par ces instincts qui se suffisent à eux-mêmes et qui suffisent à constituer la société et à la faire durer indéfiniment. Tout autres sont les sociétés humaines. Ces instincts précis, déterminés, portant à accomplir certains actes spéciaux, n'existent pas chez l'homme : supérieur par la raison, l'homme est presque dépourvu d'instincts. Ce n'est que dans l'enfance, avant l'éveil de la raison, que certains instincts se manifestent; ils disparaissent ensuite pour être remplacés par l'activité raisonnée ou par l'habitude. Ce qui constitue les sociétés humaines, ce n'est pas cette force aveugle de l'instinct, ce sont des sentiments naturels, qui eux-mêmes supposent des idées aperçues par la raison. Sans doute, il y a une sorte de sympathie physique qui rend pénible la vue des maux d'autrui. Mais cette sympathie serait absolument insuffisante pour constituer la société, s'il n'y avait pas au-dessus l'idée du devoir de faire du bien aux autres. Les exemples si fréquents de cruauté montrent combien la sympathie physique est faible, surtout dans les sociétés primitives. Puis cette sympathie doit lutter contre l'égoïsme, qui pousse chacun à sacrifier les autres à soi-même. Quelle est la barrière qui arrête les égoïsmes en conflits? Sans doute c'est dans une certaine mesure, crainte de la vengeance, mais c'est aussi l'idée primitive de justice. La crainte de la vengeance ne fait respecter que les forts. C'est la justice seule qui porte à ne pas faire tort aux faibles, et il n'y a pas de société quand les faibles ne sont pas protégés.

Si maintenant nous considérons la société à un état plus avancé d'organisation, et lorsqu'un pouvoir social a été constitué, nous pouvons nous demander de quelle force sera armé ce pouvoir, si l'idée du respect dû à l'autorité n'existe pas dans le corps social. Cette obéissance du grand nombre à un petit nombre de chefs ou même à un seul est en elle-même un fait étrange et difficile à comprendre. C'est un équilibre qui semble contraire à toutes les lois de la mécanique. Le grand nombre, possédant la force physique, souffre et travaille sous la direction et souvent pour le bonheur du petit nombre qui possède les biens de la terre et qui en jouit. Le pauvre, tirant souvent à peine de ses efforts le nécessaire pour soutenir sa vie, voit une partie du fruit de son travail si insuffisant pour lui-même aller grossir le superflu du riche. Nous admettons sans doute que dans une certaine mesure le sentiment confus de l'accord entre l'intérêt général et les intérêts privés sont pour quelque chose dans cette résignation du grand nombre à subir la direction du petit. Mais qui peut douter que l'idée morale du devoir d'obéir à l'autorité établie ne soit l'un des éléments et même l'élément prédominant de cette force qui soumet la plus grande force physique à la plus faible. Cette idée est encore un autre aspect du sentiment de la justice, lien des sociétés humaines. C'est encore de cette idée de justice que naît celle de châtiments et de récompenses. On a voulu ne voir dans les châtiments et les récompenses que des moyens de corriger l'homme par l'espoir de la crainte. Les mêmes auteurs, qui désirent si passionnément détruire toute séparation entre l'homme et la brute, n'ont pas craint d'assimiler la répression pénale et les rémunérations que la société établit aux moyens employés pour dresser les animaux. Mais ici encore leur analyse est radicalement fausse. Semblables quant à leur forme extérieure, ces deux ordres de faits sont très différents quant à leur nature, précisément à cause de l'existence chez l'homme de cette idée primordiale de justice. Ce qui le prouve, c'est la distinction que font tous les hommes, et même les enfants, entre les châtiments infligés arbitrairement et les châtiments mérités, c'est cette protestation de la conscience qui s'élève nécessairement en présence de l'injustice et qui se manifeste à la conscience de l'oppresseur comme à celle de l'opprimé et les traduit tous deux devant un juge supérieur et infaillible. Sans l'idée de justice, il n'y aurait proprement ni récompenses ni châtiments; il y aurait des événements fatalement heureux ou malheureux. Les hommes se comporteraient envers leurs supérieurs et envers les juges comme ils se comportent envers les phénomènes naturels et les fléaux physiques. Il y a encore d'autres liens sociaux dont il faut tenir compte. La société ne se compose pas d'individus isolés, mais de familles. Les sentiments d'affection paternelle, maternelle et fraternelle entrent comme éléments dans la constitution même de la société humaine. Mais ces sentiments ont un caractère moral; ils sont unis étroitement à l'idée du devoir. Là encore l'instinct cède la place à la justice aperçue par le cœur. Ainsi tous les liens primitifs et fondamentaux de la société humaine sont des idées morales. Ce sont ces idées qui remplacent, chez l'homme, les instincts sociaux aveugles de l'animal, comme les notions rationnelles de la géométrie remplacent chez le constructeur humain les instincts de l'abeille et du castor. Il est donc absurde de supposer une société humaine tout à dépourvue de moralité. Une telle société ne pourrait pas vivre : elle ne pourrait pas même se constituer. La première société naturelle, la famille, contient en elle l'idée de l'obéissance et du respect dû aux parents ; la plus simple association artificielle de deux êtres humains repose sur l'idée de justice, et sur le devoir d'observer ses engagements.

On le voit, l'erreur de nos adversaires est toujours la même. C'est toujours la même fausse assimilation entre l'homme et l'animal. Ils supposent à l'origine les instincts sociaux aveugles de l'animal, et veulent joindre bout à bout à cette société fatalement gouvernée et non perfectible une société rationnelle et morale composée d'êtres humains. C'est absolument comme s'ils supposaient qu'un être qui était dans son enfance singe ou chien, se transforme graduellement en homme pendant son adolescence. Est-il besoin d'ajouter qu'il y a toute une partie de la moralité humaine qui ne saurait s'expliquer aucunement par l'action de la société. L'homme étant, par sa raison, en relation avec un monde idéal et invisible, ayant devant lui le type de la perfection, de la beauté et de la justice, l'homme qui peut connaître Dieu, sent peser sur lui-même une loi qui l'atteint dans les profondeurs intimes de son être. Les hommes voient ce qui paraît, voilà la morale sociale. Mais Dieu voit le fond du cœur, voilà la vraie morale, la morale complète, celle qui rend l'homme véritablement homme et digne de sa nature rationnelle. Or l'origine de cette morale intime n'est pas explicable à un degré quelconque, par la théorie superficielle qui ferait sortir la moralité des instincts sociaux. L'évolutionisme supprime donc par son principe toute la morale qui règle l'intérieur de l'âme humaine.

VI

Il nous reste à discuter cette seconde thèse des évolutionistes à savoir qu'une morale contingente fondée sur l'intérêt de la société pourrait avoir été transformée par l'hérédité en une morale absolue, appuyée sur l'idée du devoir. Ici nous arrivons à la question fondamentale et capitale, à celle de l'origine des idées absolues, de l'idée du bien et de la notion du devoir obligatoire. Que ces idées existent actuellement chez l'homme, personne ne peut le nier. Qu'elles ne soient pas le résultat de l'éducation ni l'effet direct de la perception extérieure, c'est ce qui est encore tout à fait certain. Les sens ne peuvent donner à l'homme des idées morales, et l'éducation serait impuissante s'il n'y avait pas dans l'enfant, au moins à l'état latent, des notions morales, que la parole des parents peut éveiller. Ceci est de toute évidence. En effet, lorsqu'il s'agit de faire comprendre aux enfants des paroles qui représentent un objet matériel, les parents leur montrent l'objet, et le son du mot, se joignant à la perception visuelle, se trouve interprété par elle. C'est ainsi qu'on apprend aux enfants ce que signifient les mots vert, rouge, jaune, grand, petit. Mais quand il s'agit d'idées morales, quand il s'agit de faire comprendre les termes de bon ou mauvais, juste ou injuste, noble ou honteux, aucune perception extérieure ne vient en aide à l'éducateur. Il faut donc nécessairement qu'il puisse arriver à éveiller dans l'âme de cet enfant une notion qui se joindra à ces mots et en deviendra le sens.

On sait comment Platon avait essayé de résoudre le problème de l'existence chez l'homme de ses idées absolues et surtout de l'idée du bien. Il supposait une existence personnelle antérieure, dans laquelle les hommes auraient contemplé face à face ces idées éternelles, et auraient ainsi fait pénétrer dans leur âme des notions qui y seraient restées cachées, jusqu'à ce qu'elles fussent éveillées de nouveau. C'était la célèbre théorie de la réminiscence dont Platon a tiré un argument d'une valeur douteuse en faveur de l'immortalité de l'âme. Les diverses écoles spiritualistes se sont plus ou moins écartées, sur ce point, de la doctrine de Platon. Mais toutes ont reconnu dans les idées absolues un élément transcendant de la connaissance, dont la source doit être cherchée ailleurs que dans la pure sensation. Les unes ont voulu voir dans ces idées l'effet d'une perception directe de l'être infini, d'autres des idées gravées par la nature, d'autres l'œuvre d'une faculté supérieure travaillant sur des données sensibles et en dégageant un élément idéal qui y est caché et qui en est inséparable. Mais elles sont d'accord pour voir dans ces idées un élément supra-sensible et dans leur possession un caractère spécial de la nature humaine. L'école évolutioniste donne de l'existence de ces idées une toute autre explication, celle que j'ai indiquée plus haut. Ce seraient des notions primitivement acquises, relatives et contingentes qui, transmises par l'hérédité, seraient devenues en apparence innées, absolues et nécessaires.

Nous pouvons d'abord contester absolument cette vertu de l'hérédité de transmettre des idées. L'hérédité transmet des modifications organiques, des instincts et des passions, mais nous ne connaissons aucun exemple d'idées héréditaires. Les idées se transmettent par tradition. Les peuples de même race ont les idées les plus différentes suivant les traditions au milieu desquelles ils ont grandi, et les peuples de races les plus diverses, ayant les aptitudes héréditaires les plus dissemblables, ont, en général, lorsqu'ils vivent ensemble, un fonds d'idées communes qu'ils exploitent chacun suivant son génie. Mais admettons pour un instant ce pouvoir de l'hérédité de transmettre les notions. En tout cas, elle ne saurait avoir le pouvoir de les transformer, de les élever à un degré supérieur. L'hérédité ne crée rien, elle ne fait que transmettre plus ou moins parfaitement ce qu'elle a reçu. Ce qui produit la confusion et ce qui donne à la théorie évolutioniste une certaine vraisemblance apparente, c'est que *les notions absolues, supérieures aux notions relatives, s'expriment par des termes négatifs.* On dit d'un acte fait par devoir ou par dévouement qu'il est *désintéressé*. Le terme *absolu*, selon son étymologie, signifie dégagé de la relation. Dès lors on pourrait être porté à croire que, pour passer du relatif à l'absolu, il suffit de supprimer quelque chose, ce que la transmission héréditaire pourrait à la rigueur accomplir. C'est ainsi qu'on pourrait supposer que la classification des actes en bons ou mauvais ait été transmise par hérédité, tandis que les motifs de cette classification, à savoir l'utilité sociale de certains actes, auraient été oubliés. Mais c'est une grave erreur de croire que la forme négative que prennent dans le langage les idées absolues implique que ces idées ne sont qu'une réduction, une diminution des idées relatives. Sous cette forme négative se cache un caractère, au contraire, éminemment réel et positif. Quand nous disons qu'un acte est désintéressé, nous ne voulons pas seulement dire que cet acte n'est pas fait par intérêt, nous voulons dire qu'il est fait par un motif supérieur à l'intérêt. Un acte fait par habitude, par routine, sans motif, ne saurait être qualifié d'acte désintéressé. Dès lors la théorie évolutioniste expliquerait sans doute la transformation *d'actes raisonnés en actes instinctifs*, d'actes faits par prudence pour une fin en actes faits aveuglément et sans motifs intelligibles. Mais elle n'explique nullement leur transformation en *actes moraux*, en actes faits par devoir.

Ici nous pouvons prendre corps à corps cette frappante mais odieuse comparaison entre l'homme vertueux et le chien d'arrêt. En supposant, ce qui n'est pas démontré, que l'instinct qui porte le chien d'arrêt à rester en face de sa proie sans se lancer sur elle est une habitude des aïeux transformée par l'hérédité, il n'y a entre ce fait et celui de l'homme qui s'arrête par conscience devant le fruit défendu aucune identité; il n'y a qu'une analogie éloignée et sans importance scientifique. Le chien d'arrêt est retenu par une force qu'il ignore, il s'arrête sans motif, il obéit aveuglément, mécaniquement à un instinct. L'homme vertueux s'arrête parce qu'il sait qu'il existe une loi; il a pour motif le bien qu'il doit faire, il s'arrête librement, il obéit à sa raison. Pour assimiler ces actes, il faut dire que ces mots, bien et mal, devoir, idéal, perfection, sont des mots dénués de sens, et qui ne contiennent aucune idée. Il faut confondre la lumière mystérieuse de la conscience avec l'obscurité de l'instinct aveugle. Il faut admettre que, dans toutes les notions qui constituent le monde moral, il n'y a rien de positif, sans idée qui corresponde à un objet, que tout, dans ces régions supérieures, n'est que fantômes et illusions. Sans cela, pour peu qu'il y ait un élément positif quelconque dans la morale, dans la religion, dans la croyance au devoir absolu, cet élément ne saurait provenir de l'hérédité. L'hérédité ne crée rien, elle n'est qu'un moyen de transmission. Dès lors supposer que les notions absolues ne sont que des notions contingentes transformées, supposer que l'attrait du plaisir et l'intérêt puissent par l'hérédité produire le devoir, c'est supposer une chose impossible. C'est faire faire à l'hérédité le contraire de ce qu'elle fait par sa définition même, c'est lui donner le pouvoir non de transmettre mais de créer, c'est donner à cette cause seconde les propriétés de la cause première.

Maintenant nos adversaires iront-ils jusqu'à soutenir qu'il n'y a rien absolument de positif, rien de réel, dans la moralité, dans l'idée du devoir, dans l'idéal, dans la notion du beau, et dans l'idée suprême qui résume et rapporte tout le monde supérieur dans l'idée de Dieu? Il faudrait de l'audace pour en venir là, pour traiter de chimérique tout ce qui passionne l'humanité depuis son origine, pour déclarer qu'honneur, vertu, désintéressement et dévouement, tout cela n'est que fumée, que ce ne sont que des rêves et même que des mots. Et cependant, en supposant qu'ils eussent le triste courage de traiter de chimères toutes ces nobles idées, nos adversaires ne seraient pas plus avancés. Il leur resterait, en effet, à expliquer comment ces idées chimériques se sont formées. L'hérédité pour cela ne leur serait d'aucun secours. L'hérédité n'invente rien, elle ne fait que conserver. Lui prêter un pouvoir magique, croire qu'elle peut engendrer des illusions, c'est une hypothèse gratuite; c'est plus encore, c'est la contradiction même de la notion d'hérédité. Ainsi la théorie morale de l'évolutionisme s'écroule de toute part; son principe fondamental, la transition graduelle de l'animal à l'homme, est contraire à l'expérience et à l'observation exacte et comparative de la nature de ces êtres. Les applications spéciales de ce principe, quant à l'origine de la morale, sont également inexactes, et les explications qu'on essaye d'en tirer complètement insuffisantes pour rendre raison des vieilles croyances du genre humain.

VII

L'article de M. Schérer, auquel j'ai emprunté le passage que j'ai cité plus haut, est intitulé *la Crise actuelle de la morale*. C'est en effet une crise, une étrange et émouvante crise, que l'état d'esprit de ceux que ces doctrines aventureuses ont fascinés. Une société sans morale, et une morale sans l'idée du devoir, sont, quoi qu'on dise et quelque indifférence qu'on affecte, des perspectives si effrayantes, que tous ceux qui conservent un peu de bon sens et ne sont pas dupes d'une logique effrénée doivent en être épouvantés. Peut-être pour les rassurer sera-t-il utile de leur rappeler comment jadis l'humanité est sortie par ses propres forces d'une crise semblable.

Transportons-nous par la pensée dans la brillante Athènes, la capitale de la civilisation hellénique. Peu de temps après Périclès, à l'époque la plus glorieuse de l'histoire de cette ville, nous y trouverons un grand trouble régnant dans les esprits. Le polythéisme s'écroulait devant les attaques de la science naissante et fléchissait sous le poids du scandale de sa mythologie. Les vieilles mœurs, celles des générations qui avaient combattu à Marathon s'affaiblissaient, les liens de la famille se relâchaient, le luxe et la débauche prenaient un développement dangereux, et, ce qui était plus grave, la sophistique détruisait dans les esprits toutes les vieilles notions qui servaient à diriger la vie. La conscience semblait prête à disparaître en même temps que les traditions de courage et de vertu des aïeux. Un homme alors se leva, regarda en face les sophistes, leur infligea une flétrissure que la postérité a ratifiée, et reconstruisit la morale sur ses vraies bases.

Comment fit Socrate pour accomplir cette œuvre, pour retrouver les titres de la conscience, et la remettre en possession de sa légitime autorité. Son biographe nous l'apprend. Laissant à d'autres l'étude du monde extérieur, il se tourna vers l'étude de lui-même. Rentrant dans sa conscience, et dans le sanctuaire intime de sa raison, il y contempla ces idées éternelles que la parole humaine rend sensibles en les revêtant d'un vêtement subtil emprunté au monde matériel. Son habitude, nous dit Xénophon, était de résonner sur les idées générales. Il se demandait ce que c'était que la justice, la sainteté, l'honneur et la vertu, ce que c'était que le vice et le déshonneur. En contemplant ces nobles idées, il reconnut bien vite qu'éternelles et nécessaires, elles ne pouvaient sortir des sensations, que réelles et pleines d'être, elles ne pouvaient être considérées comme des chimères. Fixant ainsi son regard sur la partie divine de la nature humaine, il apprit à lui conserver sa place et à ne pas la laisser absorber ni cacher par la partie inférieure et animale. Ses disciples continuèrent son œuvre. Platon s'éleva de ces idées éternelles jusqu'à leur source première, il vit en elles les archétypes de toutes choses et les contempla vivantes dans la pensée du Bien suprême, du Dieu unique, source de tout bien et de toute justice.

Aristote, revenant sur la terre, mais n'oubliant pas le monde supérieur qu'il avait contemplé, traça d'une main ferme la limite des deux mondes. Il distingua la nature animale, avec sa connaissance étroite tirée tout entière des sens et renfermée dans leur horizon, et la nature rationnelle de l'homme, par laquelle il communique avec l'Intelligence suprême. Ainsi furent retrouvés à la fois les titres de la conscience et ceux de la nature humaine. Nous retrouvons ces nobles doctrines dans les successeurs de ces philosophes. Elles y sont mêlées à beaucoup d'erreurs, mais leur fond noble et glorieux subsiste sans être détruit.

Cicéron, dans son *Traité des lois*, nous décrit la société de tous les peuples, liée par le langage humain. Il nous montre l'humanité séparée, par cette barrière de la parole, des êtres inférieurs, et formant avec les dieux une société dont le langage est le lien extérieur, et la justice éternelle le principe intime d'union. L'école stoïcienne conserva ces doctrines, les mit glorieusement en pratique, et défendit les droits de la conscience jusqu'aux jours où les martyrs chrétiens sont venus les proclamer avec une plus haute et plus efficace autorité.

Ce qu'a fait la philosophie païenne avec les seules forces de la raison, serait-il devenu impossible maintenant que la lumière de l'Évangile est venue compléter et purifier les enseignements de la philosophie et leur donner la garantie d'une parole divine? Vainement dira-t-on que nous ne sommes plus en face des sophistes d'Athènes, mais de véritables doctrines scientifiques. A cette objection nous avons deux réponses. En premier lieu, nous ne voyons pas pourquoi on donnerait aux sciences naturelles le pas sur les sciences morales, surtout en ce qui concerne l'origine même de l'idée du devoir. L'observation interne des faits de conscience, l'analyse des idées de devoir, de justice, de sanction, sont des sources de connaissances équivalentes à toutes les autres. Il n'appartient pas aux sciences physiques de les contredire dans leur affirmation claire et évidente, et encore moins de les supprimer par voix de prétérition. En second lieu, il faut distinguer entre les résultats acquis des sciences et les théories hypothétiques destinées à les coordonner. Autant les faits constatés et les lois vérifiées s'imposent à notre croyance, autant nous sommes libres à l'égard des hypothèses et des théories. Or le système de l'évolution graduelle est une théorie. C'est une synthèse hypothétique qui ne diffère des anciennes synthèses, de celles de Thalès et d'Anaximène, que parce qu'elle est destinée à encadrer un plus grand nombre de faits connus. Le principal argument en faveur de l'évolution continue et graduelle se tire de l'unité de plan de la nature. Tous les êtres vivants, ou du moins tous les animaux, seraient composés d'éléments semblables; les organes des êtres supérieurs se trouveraient à l'état rudimentaire dans les êtres plus simples ; ceux qui n'ont pas de fonction à remplir dans une espèce déterminée y subsisteraient néanmoins, plus ou moins atrophiés. En outre, une certaine loi de progrès semble se manifester dans les périodes géologiques, et les êtres plus simples précèdent, en général, les êtres plus compliqués. Ces deux lois d'unité de plan et de progrès, fussent-elles absolument démontrées, forceraient-elles à admettre le système de Darwin? Nullement ; ces lois peuvent s'accorder avec l'idée de créations successives des espèces. L'unité de plan ne serait alors que l'unité de la pensée du Créateur, et le progrès, que le développement graduel de cette pensée.

On peut faire, à l'idée de création successive, des objections métaphysiques ; mais aucune raison scientifique ne les exclut, l'origine de chaque espèce déterminée étant, d'un commun aveu, un problème non résolu, et qui ne sera pas résolu de longtemps. Et lors même que l'on admettrait que les espèces naissent les unes des autres, on ne serait pas obligé pour cela d'adopter l'application de Darwin. Autre est le transformisme en général, autre est le système de la concurrence de la vie et de la sélection naturelle. Écoutons sur ce point un auteur moderne très estimé et favorable au transformisme.

« Le transformisme est l'ensemble des doctrines qui admettent que les espèces ont pu dériver d'espèces antérieures, quelles que soient les causes qui sont supposées avoir amené cette transformation.

« Le darwinisme est la doctrine qui assigne pour causes à la production des espèces la lutte pour l'existence et la sélection naturelle. Ces deux grands phénomènes ont certainement joué un rôle dans la formation des races naturelles et dans l'adaptation de ces races à leurs conditions d'existence, mais la théorie de Darwin ne remonte pas jusqu'à la cause même des variations, spontanées en apparence, sur lesquelles porte la sélection ; elle n'explique pas non plus pourquoi des organismes de type différent se sont développés côte à côte, au lieu de suivre la même voie, et d'autre part la question fondamentale de la distinction entre la race et l'espèce n'en reste pas moins un problème à résoudre préalablement.

« La sélection naturelle peut fixer ou exagérer des caractères après leur apparition, mais elle n'est pour rien dans cette apparition qui est la conséquence de propriétés particulières aux êtres vivants et de l'action directe qu'exercent sur eux les êtres naturels. Nous allons trouver, dans l'étude de la reproduction des êtres inférieurs, des phénomènes remarquables qui peuvent jeter quelque jour sur les origines des caractères primordiaux des grands types organiques. » (Edmond Perrier, *Anatomie et physiologie animale*.)

L'auteur que nous venons de citer est franchement transformiste, il est même plus favorable que d'autres à Darwin, puisqu'il concède l'existence même de la sélection naturelle, que d'autres contestent. Mais l'hypothèse qu'il préfère pour l'origine des espèces n'implique pas, comme celle de Darwin, le passage graduel et la continuité absolue du progrès d'un type à un autre. Tout au contraire, les phénomènes auxquels il fait allusion, à savoir : les faits de reproduction étrange des êtres inférieurs, désignés par le nom de métagenèse, métamorphose, générations alternantes, consistent précisément dans des changements brusques d'une forme à une autre. Il est donc possible, même en admettant le transformisme, de croire qu'il y a dans la chaîne des formes organiques des passages brusques d'un type à un autre et des ruptures de la loi de continuité. On voit par là combien cette loi de continuité progressive, principe nécessaire de la morale évolutioniste, est loin d'être une vérité scientifique. Elle n'est pas démontrée, elle n'est même pas vraisemblable en ce qui concerne les animaux. A combien plus forte raison est-il permis de l'écarter quand il s'agit de l'homme, c'est-à-dire d'un être qui présente des caractères spéciaux si marqués et des facultés si évidemment transcendantes.

Ce n'est donc pas contre la science que le spiritualisme doit lutter, c'est contre une fausse philosophie, et le terrain véritable du combat entre la morale éternelle et la logique sophistique qui cherche à la détruire n'est pas changé.

Sachons donc refaire l'œuvre de Socrate. Sachons contempler en nous-mêmes ces idées éternelles, et nous ne douterons pas de leur vérité. Ne négligeons pas la science qui étudie l'homme par le dehors. Étudions le corps et le cerveau, mais étudions aussi l'âme. Servons-nous du scalpel, mais servons-nous de la conscience et de la réflexion. Étudions les instincts de l'animal et les lois de l'hérédité, mais étudions aussi les caractères spéciaux de la nature humaine, les facultés supérieures qui permettent à l'homme de connaître l'univers, d'accumuler la science des générations passées et de s'élever jusqu'à l'infini.

En appliquant ainsi dans toute son étendue le principe de la sagesse antique : Connais-toi toi-même, nous verrons disparaître, devant le grand jour de la vérité, ces doctrines basses et dégradantes, et nous reconnaîtrons que les monstres qui nous effrayaient de loin n'étaient que de vains fantômes, et que rien n'est ébranlé dans les anciennes croyances sur lesquelles reposent la conduite de la vie humaine et la stabilité des sociétés.

L'ÉTAT MORAL PRIMITIF DE L'HUMANITÉ ET LES PROGRÈS DE LA MORALE

L'homme étant distinct de l'animal et possédant des facultés supérieures dont le langage et la grammaire sont le signe et l'organe, les sociétés humaines gouvernées par la raison et les sentiments moraux, étant tout à fait différentes des associations formées chez les animaux par des instincts aveugles, il n'y a pas lieu de chercher chez les animaux les origines des principes de morale qui existent chez les hommes. La théorie de l'évolution appliquée à la morale s'écroule de toutes parts; elle n'est fondée sur aucune raison sérieuse, et les explications qu'elle fournit ne rendent nullement compte des phénomènes dont elle prétend découvrir la cause.

Mais nos adversaires, vaincus sur le terrain des principes et condamnés par l'examen comparatif de la nature de l'homme et de celle de l'animal, se rejettent sur l'histoire de l'humanité et prétendent trouver, dans ce que la science nous apprend sur la haute antiquité de l'homme, la confirmation de leurs théories. Cette évolution que vous déclarez impossible, nous disent-ils, elle a existé. L'homme a commencé par être sauvage, c'est-à-dire dépourvu de moralité, et quant à ce qui concerne le cœur et la conscience, semblable à l'animal. Les premiers hommes n'avaient aucune idée du bien et du mal, ils ne suivaient que leurs instincts et leurs passions; les lois naturelles les plus sacrées pour nous leur étaient inconnues. Inconnue des premiers hommes, la loi morale, que nous voyons se développer graduellement et devenir de siècle en siècle plus pure et plus belle, ne saurait être que l'œuvre des sociétés humaines. Tel est l'argument auquel je vais essayer de répondre.

I

Avant de discuter les faits sur lesquels repose cette argumentation, il importe de bien considérer la valeur de la démonstration elle-même. Supposons pour un instant qu'il soit avéré que les hommes primitifs étaient absolument dépourvus de moralité et ne se sont développés que graduellement, serait-on en droit de tirer de ce fait la conclusion que soutiennent les évolutionistes? Serait-on en droit de dire que la morale est l'œuvre de la société et que, par conséquent, elle est relative et contingente? Nullement. Si, en effet, les premiers hommes, dans l'hypothèse que nous admettons, ne sont pas pourvus d'idées morales, ils sont tout aussi dépourvus d'institutions sociales : ce sont encore des individus bruts, non agrégés dans l'ignorance d'une société. La société, dans ce système, ne serait pas antérieure à la morale, elle lui serait contemporaine. Notions morales et institutions sociales se seraient développées ensemble, agissant sans doute les unes sur les autres, mais sans que les unes puissent réclamer, par rapport aux autres, l'avantage d'en être le principe et la source.

Dans ce développement graduel d'une humanité complètement barbare à l'origine, les idées morales et les formes sociales, y compris la famille elle-même, n'auraient qu'une source unique et commune, la nature humaine et ses instincts, qui, non encore manifestés à l'origine, auraient graduellement passé de la puissance à l'acte, comme les divers membres cachés dans l'embryon d'un être organisé. On n'aurait donc pas le droit de dire que la morale est l'œuvre de la société, ou la société l'œuvre de la morale : l'une et l'autre seraient le produit de la nature humaine et des circonstances au milieu desquelles elle s'est développée. On voit par là combien est importante, dans l'étude de cette question, la thèse fondamentale que nous avons exposée et démontrée plus haut, à savoir la différence d'espèce, et non simplement de degré, entre les facultés de l'homme et celles de l'animal. C'est en effet en supposant, contrairement à l'expérience, qu'une société *animale* existant sans moralité, comme celle des abeilles, a pu se transformer en une société humaine, que l'on a pu dire que la société et les instincts sociaux étaient antérieurs aux notions morales et pouvaient en être considérés comme le principe.

Mais nos adversaires sont obligés d'abandonner eux-mêmes cette hypothèse nécessaire à leur système. La continuité prétendue entre l'homme et l'animal est tellement contraire aux faits, qu'ils se voient obligés de supposer, entre les antiques sociétés animales et les sociétés humaines, une période de complète barbarie dans laquelle auraient vécu les premiers hommes. Qu'est-ce à dire, sinon qu'ils comprennent, comme nous, que dès qu'il s'agit de l'homme, tout ce qui précède n'est rien, et qu'il faut recommencer à nouveau. L'homme sauvage sans aucune moralité et l'anthropoïde qui devient graduellement un être moral s'excluent l'un l'autre. Herbert Spencer paraît l'avoir senti lui-même et se demande pourquoi l'humanité, dont, suivant lui, la monogamie est la forme de mariage naturelle, n'est pas arrivée de suite à cette forme, comme les sociétés animales, qui ont dès l'origine les mœurs qui conviennent à leur durée et à leur progrès. Sa réponse est faible, et on ne voit pas comment la barbarie initiale des hommes s'accorde avec le progrès continu des mammifères [1]. Du moment en effet qu'il faut supposer que les sociétés humaines succèdent non à des sociétés animales, mais à un état sauvage dans lequel les liens sociaux n'existent pas, il n'est plus permis d'attribuer aux préjugés sociaux et aux châtiments infligés par les lois civiles l'origine des notions de bien et de mal. A l'époque primitive où ces notions manquent, il n'y a encore ni opinion publique ni tribunaux.

Les évolutionistes ont essayé, il est vrai, d'apporter à l'appui de leur thèse des faits plus convaincants. Ils ont essayé de montrer des sociétés humaines toutes constituées, dans lesquelles les idées morales et religieuses n'auraient pas existé encore. C'est la Chine qui a servi de base à cette argumentation. Certains auteurs ont prétendu que le peuple chinois, dans sa haute antiquité, était athée, dépourvu de l'idée du devoir, et qu'il n'avait qu'une morale utilitaire fondée sur les besoins de la société. Malheureusement pour la théorie, la vieille littérature chinoise, une fois manifestée à l'Europe et traduite dans nos langues, a rendu relativement aux croyances antiques un témoignage tout différent. Les monuments de cette littérature nous ont montré un peuple très religieux, professant un théisme très pur, presque dégagé de polythéisme, et croyant à une morale tout à fait religieuse. Les Chinois athées et utilitaires sont les Chinois modernes, semblables à nos rationalistes européens. Au contraire, la morale obligatoire, établie et sanctionnée par un pouvoir céleste, est la doctrine des époques les plus anciennes des peuples dont le souverain s'honore du nom de Fils du Ciel [2].

On a cru aussi découvrir une société sans religion et sans morale, ayant néanmoins une puissante civilisation matérielle, dans les peuples primitifs de la Chaldée et de la Médie, dans ces Touraniens affiliés aux Tartares et aux Chinois qui avaient, disait-on, habité les premiers les bords de l'Euphrate et avaient inventé l'écriture cunéiforme. Mais les Touraniens de la Chaldée n'ont pas été plus fidèles que les Chinois à la théorie évolutioniste. D'abord ils sont fort peu en faveur en ce moment et leur existence même est contestée [3]. De plus, nous ne savons absolument rien sur leurs mœurs et leurs croyances. Dès lors le fait qu'ils fussent dépourvus de morale et de religion est une assertion purement gratuite. Donc, même en admettant l'état sauvage primitif de l'humanité, même en

[1] Herbert Spencer, *Data of Sociology*, p. III, chap. VIII.
[2] Voy., sur ce sujet, les articles de Mgr de Harlez, sur la religion de l'antiquité chinoise publiés dans la *Controverse*.
[3] Le P. Delattre a prouvé que les Touraniens de la Médie sont imaginaires. Quant à ceux que l'on a su trouver en Assyrie, aux Acadiens et aux Sumériens, ils sont, quant à leur origine, l'objet de vives controverses.

admettant que les idées morales et religieuses étaient nulles à cette première époque, on n'est pas en droit de conclure que la morale soit postérieure à l'existence des sociétés et qu'elle soit leur œuvre.

Il serait également contraire à la bonne logique de tirer de l'état sauvage primitif l'idée que la morale est relative et contingente. En effet, de ce que les hommes auraient acquis graduellement les idées morales, il ne s'ensuivrait nullement que ces idées ne soient pas absolues. Les vérités scientifiques, les lois des mathématiques, les principes de l'astronomie, ont été l'objet de découvertes successives. L'humanité ne s'est mise que lentement en possession de ces vérités, et pourtant qui doute que ce ne soient de vraies vérités, des vérités objectives, indépendantes de la connaissance que l'homme peut acquérir. Les lois de Newton étaient aussi vraies au temps de Thalès que de nos jours, et elles ne cesseraient pas d'être vraies parce que des opinions contraires prévaudraient dans l'humanité.

Pourquoi ne pas accorder aux notions morales le même caractère de vérités absolues? Une fois connues, elles entraînent l'assentiment des hommes. Divisés quant à leurs mœurs et quant à certaines règles de conduite, les hommes de tous temps et de tous pays s'accordent à reconnaître dans l'Évangile un code parfait de morale. Que ce code vienne du ciel par révélation, ou que les hommes l'aient inventé, peu importe en ce moment pour la question qui nous occupe. La conscience humaine, une fois instruite, reconnaît l'Évangile comme une vérité morale absolue, tout aussi bien que la raison reconnaît la géométrie et l'astronomie pour de vraies sciences. L'état sauvage primitif et le développement progressif de la morale ne seraient donc nullement des arguments valables en faveur de la théorie évolutioniste. Renfermé dans le sein de l'histoire de l'humanité, ce progrès supposé des idées morales ne diffère pas des autres progrès humains, et diffère au contraire du tout au tout du prétendu progrès animal qui conduirait le polype et le zoophyte à devenir un homme en passant par l'intermédiaire d'une longue série d'animaux. Nous pourrions donc nous arrêter ici et, après avoir enlevé aux évolutionistes ce dernier argument, prononcer contre leur doctrine une condamnation définitive. Mais nous pensons qu'il y a mieux à faire.

Cette question de l'état du premier homme présente en elle-même un vif intérêt. S'il était prouvé que l'homme primitif a réellement été dépourvu de notions morales, l'universalité de ces notions serait affaiblie, et, bien que leur autorité absolue pût être défendue en bonne logique, l'idée naîtrait aisément dans les esprits que la morale, ayant commencé d'exister, pourrait périr comme toute chose qui commence. Ce serait un argument, moins en faveur de l'évolutionisme proprement dit qu'en faveur du scepticisme moral, doctrine singulièrement commode à cause de la liberté qu'elle laisse aux passions, et que Montaigne a si bien caractérisé en l'appelant un oreiller de paresse. Nous croyons donc qu'il sera utile de prouver que l'homme sauvage primitif n'est point une vérité historique, mais une simple hypothèse ou plutôt une espèce de mythe ou de légende qui n'a rien à faire avec la vraie science. Nous essayerons ensuite de donner, sur l'origine de l'humanité et sur celle de la morale, une autre théorie tout autrement vraisemblable et conforme avec les faits, et de substituer ainsi une histoire, sinon certaine, du moins probable et admissible, du développement des notions religieuses et morales dans l'humanité, à l'histoire imaginaire inventée par les évolutionistes.

II

Comment l'humanité a-t-elle commencé à vivre sur cette terre? Les premiers hommes étaient-ils de véritables sauvages? et les véritables sauvages sont-ils absolument sans moralité? Avant d'entamer l'étude de cette question, il convient d'examiner si elle peut être résolue avec certitude. Or, si nous écartons le témoignage de la révélation biblique, nous pouvons dire que nous n'avons aucun moyen certain de connaître l'origine de l'humanité? Pour connaître avec certitude ce qu'a été le premier homme, il faudrait avoir sur cette époque primitive des documents historiques. Or l'histoire ne commence que beaucoup plus tard : chez tous les peuples, elle est précédée, en ce qui concerne les origines, d'une préface légendaire et mythologique dont on ne peut tirer aucun argument historique certain. La Bible seule contient un récit exempt de mythologie, mais ce récit n'a pour garant que l'autorité de Moïse qui vivait à une époque trop éloignée des premiers temps de l'humanité pour que son témoignage ait la certitude qu'exige l'histoire.

Il est permis, en effet, et je crois pouvoir ajouter, il est nécessaire aujourd'hui d'abandonner les anciens systèmes de chronologie fondés sur l'interprétation trop littérale de certaines généalogies bibliques. Quelle que soit la difficulté de l'exégèse de ces passages, il faut céder à la démonstration, maintenant rigoureuse, d'une antiquité de l'homme beaucoup plus grande et dont les limites ne peuvent dès lors être fixées que par l'histoire profane. Les annales de l'Égypte et de la Chaldée nous montrent des civilisations déjà pleinement constituées avant l'époque où les plus larges systèmes de la chronologie biblique placent le déluge, et la géologie oblige de remonter plus haut encore. Il faut donc renoncer complètement au vieil argument des livres d'apologétique d'autrefois, selon lequel la véracité de Moïse pourrait être établie, en observant qu'entre Adam et lui, il n'y a eu qu'un petit nombre de témoins interposés. Tout au contraire, il est certain qu'il y a trop loin entre les origines et l'époque où la tradition hébraïque a été mise par écrit pour que cette tradition puisse posséder une certitude historique.

La certitude que nous possédons, comme chrétiens, sur l'origine de l'homme repose sur un autre fondement. Elle s'appuie sur la parole divine et l'inspiration du texte sacré, laquelle, à son tour, nous est garantie par les faits surnaturels, cette fois pleinement historiques, que nous atteste le Nouveau Testament. Nous en sommes donc réduits, si nous voulons étudier par la raison seule et sans nous appuyer sur la foi, les origines de l'humanité, à des inductions et à des hypothèses. Il est également impossible de prononcer avec certitude, par la raison, que le premier homme a été un sauvage proche de l'animal, ou qu'il a été un simple enfant, ou un adulte possédant une science déjà étendue. Ces questions sont insolubles par la science humaine. Examinons néanmoins les arguments probables apportés en faveur de l'état, non seulement sauvage, mais semi-bestial des premiers hommes. Ils sont au nombre de trois principaux :

On s'appuie d'abord sur l'hypothèse que, la civilisation étant le résultat d'un progrès, les êtres actuels les moins civilisés, c'est-à-dire les sauvages, doivent être considérés comme des types des premiers hommes, comme des hommes primitifs restés en dehors du courant du progrès. Or, dit-on, les vrais sauvages sont des êtres sans moralité et sans religion, ainsi ont dû être les premiers hommes.

Le second argument se tire des découvertes paléontologiques. Les premiers hommes dont nous trouvons les restes, ceux des temps quaternaires, ne connaissaient pas les métaux ; ils habitaient dans des cavernes et vivaient de leur chasse ; ce sont là les véritables premiers hommes. D'après la grossièreté générale de leur vie, on doit supposer que les idées morales leur étaient inconnues comme les notions scientifiques.

Une troisième preuve se tire des récits des anciens historiens. On y trouve sur les mœurs des peuples antiques des renseignements qui montrent que la plupart des lois morales étaient inconnues des anciens peuples et n'apparaissent qu'avec la civilisation.

Discutons chacun de ces trois arguments. Et d'abord les sauvages actuels sont-ils vraiment les types des premiers hommes ? Sont-ils des soldats retardataires restés en route, pendant que le reste de l'armée humaine marchait dans la voie du progrès. On ne donne aucune preuve de cette assertion. Elle suppose que l'humanité ne peut être que dans deux états, à l'état de progrès ou à l'état stationnaire. Si cela était vrai, tout ce qui n'a pas avancé serait resté dans son état antérieur.

Mais il y a une troisième alternative : il y a celle de la décadence. Des peuples civilisés peuvent retourner à la barbarie ; des peuples barbares peuvent retourner à l'état sauvage. L'histoire nous en présente de nombreux exemples. Les Kabyles de l'Algérie sont les descendants des habitants civilisés de l'Afrique romaine. La Mésopotamie, l'une des plus anciennes patries de la civilisation, est maintenant à l'état barbare. Plus récemment, nous trouvons dans les régions méridionales de l'Afrique, les Boërs, qui sont des colons hollandais retournés à un état demi-sauvage. Les traditions recueillies par les premiers conquérants de l'Amérique indiquent que les sauvages des Antilles avaient jadis été civilisés et étaient retombés dans l'état d'ignorance grossière où ils ont été trouvés.

Si de plus on observe que les peuples les plus dégradés sont les habitants de certaines îles éloignées, telles que l'Australie, la Nouvelle-Guinée, ou des extrémités des continents, telle que la Patagonie, il y a lieu de croire que ce sont des races inférieures pourchassées par d'autres races plus fortes, et condamnées à lutter contre des difficultés de vie plus grandes et une nature plus hostile. Il n'est pas étonnant que, dans ces conditions, ces peuples soient tombés dans un état croissant de barbarie. Cette remarque est due à un philosophe anglais qui a traité cette question avec une haute compétence, le duc d'Argyle. La dégénérescence des races humaines, la décroissance de la civilisation est donc un fait qui s'est réalisé souvent et que l'on peut toujours supposer. Cette décadence est bien plus vraisemblable que l'état stationnaire. Il est probable que là où l'homme n'avance pas il recule. Dès lors il n'y a aucune raison d'assimiler l'état des sauvages les plus dégradés à celui des premiers hommes. Et lors même que nous admettrions que, parmi les peuples actuellement sauvages, il en est quelques-uns qui soient restés ce qu'étaient nos premiers pères, rien ne permet de supposer que ces types conservés de l'humanité primitive soient les sauvages tout à fait dégradés, chez lesquels on ne découvre aucune idée religieuse ni morale.

Mais ces sauvages si dégradés existent-ils réellement? Y a-t-il vraiment sur la terre des races humaines chez lesquelles la moralité soit inconnue? C'est encore une question très difficile à résoudre. Rien n'est plus contradictoire que les récits des voyageurs au sujet des peuples sauvages. Les races auxquelles certains auteurs attribuent une absence totale d'idées morales sont louées par d'autres comme possédant des vertus inconnues chez les peuples civilisés. Pour n'en citer qu'un exemple, les habitants de la Terre-de-Feu sont cités par certains voyageurs comme les plus dégradés des êtres. Darwin, qui les a visités, se demande si ce sont des êtres humains, tant ils sont hideux; c'est à peine s'ils parlent un langage articulé. Mais, d'autre part, Virchow, qui a étudié les Fuégiens venus à Berlin, déclare qu'ils ne diffèrent guère, quant au type, des autres hommes. D'autre part, le voyageur Giacomo Bove [1], qui a étudié leur langage, a reconnu chez eux un vocabulaire de trente mille mots et dit que leur langue est très douce. Enfin, dans un voyage plus récent, celui du docteur Hyades, membre d'une mission scientifique au cap Horn, nous lisons ceci. « Les Fuégiens ont un mot pour désigner l'amitié, mais ce sentiment chez eux n'est pas très énergique. Le sentiment de la compassion est encore plus faible; les malades ne sont pas cependant abandonnés et les faibles sont secourus. Il n'y a pas de tradition d'anthropophagie. Les parents aiment les enfants et s'en occupent. A l'âge adulte, on a du respect pour les parents, et les vieillards ne sont jamais maltraités. La femme est assujettie à son mari, mais, pourvu qu'elle soit fidèle, celui-ci ne la maltraite pas. Le sentiment de l'amour est fréquent; la pudeur existe et porte un nom spécial. Le mariage est fondé généralement sur une affection réciproque. La polygamie, que l'usage autorise, paraît cependant être l'exception. La propriété est individuelle; il n'y a pas de chef, pas de hiérarchie sociale, pas d'esclaves. L'industrie se compose de la pêche, de la chasse des animaux, même des oiseaux. On ignore complètement l'agriculture, la céramique, la métallurgie [2]. »

Vous voyez combien ce tableau diffère de l'idée de Darwin, qui voit dans les Fuégiens un intermédiaire entre l'homme et le singe. On comprend que Max Müller ait dit, en parlant de ce témoignage de Darwin : « Darwin a cru voir ce qu'il raconte, mais il a vu le Fuégien avec des yeux darwiniens et à travers son système. » Vous remarquerez aussi qu'il s'agit d'un peuple chasseur, qui n'a pas d'animaux domestiques ni de champs cultivés, et dans lequel la société civilisée n'existe pas encore. Or, dans un tel peuple, nous trouvons des vertus de famille et des sentiments moraux. Si donc il était vrai que les Fuégiens représentassent les premiers hommes et qu'ils fussent ce que dit le docteur Hyades, leur témoignage serait directement contraire à la théorie d'Herbert Spencer ; ils prouveraient que les notions morales ont précédé la civilisation matérielle et

---

[1] *Nineteenth Century*, article de Max Müller : *The Savage*, janvier 1885.
[2] *Revue scientifique de la France et de l'étranger*, décembre 1883.

politique. Les mêmes contradictions se montrent en général dans les récits des voyageurs, relativement aux peuples sauvages. Elles sont d'ailleurs faciles à expliquer. Il est très difficile de connaître les mœurs des sauvages, et surtout leurs croyances et leurs notions morales, lorsqu'on les aborde pour la première fois. Leur défiance envers les étrangers les empêche de communiquer leurs pensées. D'autre part, lorsque les peuples sauvages sont depuis un certain temps en contact avec les Européens, lorsque leur langage peut être interprété d'une manière suffisante, les sauvages ont déjà perdu leurs anciennes mœurs. Ils ont subi déjà l'influence, soit de la religion qu'on leur a apportée, soit des vices des peuples civilisés. C'est un fait généralement constaté que les sauvages se corrompent très vite au contact des Européens; d'ailleurs un grand nombre des Européens, qui font le commerce avec les sauvages, ont une moralité inférieure même à celle des cannibales.

Cette raison n'est pas la seule qui rende l'appréciation de l'état moral des sauvages très difficile. Il en est une autre plus importante encore. Il faut distinguer dans les peuples civilisés les doctrines morales et les mœurs pratiques qui en sont souvent très différentes. Chez les peuples qui ont subi l'influence de l'Évangile, les doctrines morales, même celles qui ne prétendent pas à une austérité exceptionnelle, sont toujours dans un certain accord avec la règle religieuse. Cette règle présente un idéal mal réalisé, mais généralement connu et apprécié. Il en est de même, avec toute la différence des deux lois religieuses, chez les peuples musulmans. On peut aussi admettre, bien que dans une mesure plus restreinte, que partout où des écoles philosophiques puissantes comme celles de Platon ou du Portique ont répandu des doctrines morales, ces doctrines subsistent dans la pensée générale des hommes éclairés, quelle que soit d'ailleurs leur conduite privée. Ces doctrines ont pu former en Grèce et à Rome une sorte de code moral des gens éclairés. A défaut de la philosophie proprement dite, une littérature noble, pénétrée du sentiment du beau, présentant sous la forme poétique ou dramatique les luttes de la vertu contre la passion, peut constituer aussi un idéal moral supérieur, présent à beaucoup d'esprits. Telle a pu être en Grèce l'influence des écrits de Pindare, d'Eschyle, de Sophocle, d'Euripide, voire même du conservateur Aristophane. Rien de tout cela n'existe chez les sauvages, ils n'ont ni religion ni enseignement religieux, ni philosophie ni littérature. Que peut-on donc trouver chez eux? Des mœurs diverses selon les pays, des coutumes locales distinctes les unes des autres, les pratiques de certains peuples ou de certaines familles passées en usages; en un mot, *toutes les variétés et par conséquent toutes les* dégradations des notions morales que l'abus de la liberté, la violence des passions, les conséquences de la famine, de la guerre et du pillage ont pu amener. Quoi d'étonnant à ce que de grandes dépravations morales se rencontrent chez certains peuples? L'équivalent de ces dépravations ne se trouve-t-il pas souvent chez les peuples civilisés? Supposez un étranger, un habitant de l'extrême Orient ou des pays sauvages, qui vienne voyager dans nos pays, et en étudier les mœurs sans s'occuper des enseignements du christianisme et de la portion noble et élevée de notre littérature : la description qu'il fera des mœurs de l'Europe ne ressemblera-t-elle pas, sur beaucoup de points, à ce qui nous est dit par les voyageurs des mœurs de certains peuples barbares?

On peut néanmoins constater, dans les récits des voyageurs, l'existence presque universelle de certaines idées religieuses, de certaines notions d'humanité, d'hospitalité, de respect de la foi jurée, et enfin des sentiments de famille. Les exceptions diverses que présentent certains peuples sont des anomalies partielles, dans lesquelles rien n'autorise à voir une des étapes de la civilisation primitive, ni une lacune véritable dans la conscience humaine. Elles s'expliquent soit par les passions humaines, soit par l'abus de la liberté et l'influence de l'éducation, qui peut transmettre à l'état de coutume des actes vicieux. Aussi, d'une part, rien ne peut prouver que les sauvages actuels soient semblables aux hommes primitifs, et, d'autre part les notions morales et religieuses existent en général chez la plupart des peuples sauvages; elles y sont souvent plus ou moins profondément altérées, mais elles y existent et les anomalies partielles s'expliquent de la même manière que les coutumes vicieuses que l'on trouve chez les peuples civilisés et même chez les peuples chrétiens.

Le second argument en faveur de la sauvagerie primitive se tire de la paléontologie. On a trouvé, dans nos contrées, des ossements humains mêlés aux ossements d'animaux appartenant à une période géologique antérieure à celle où nous vivons. Ces hommes habitaient, dit-on, dans des cavernes; leur vie se passait à la chasse; sans autres armes que des cailloux taillés, ils luttaient contre les ours et les bêtes féroces gigantesques qui habitaient les mêmes contrées. Ces hommes, nous dit-on, sont les vrais hommes primitifs, et comme ce sont des chasseurs, sans agriculture, sans animaux domestiques, ce doivent être des sauvages sans morale et sans religion. Autant d'assertions hasardées et sans preuves. Qui nous garantit que ces hommes des cavernes sont les vrais hommes primitifs? Pourquoi n'appartiendraient-ils pas à une race inférieure, pourchassée dans des contrées glacées et peu favorables à la vie par des peuples plus forts et mieux armés? Pourquoi ne seraient-ils pas, relativement à l'humanité totale de l'époque quaternaire, ce que sont les sauvages actuels relativement à nous? Si un cataclysme géologique venait à détruire certaines îles de l'Océanie et certaines parties de l'Afrique ou de l'Amérique, les ossements fossiles que l'on découvrirait plus tard ne seraient-ils pas des ossements de sauvages, et un paléontologiste d'une époque future ne pourrait-il pas conclure, avec autant de logique que nos adversaires, que l'humanité était encore sauvage à l'époque où nous vivons?

Supposons d'ailleurs que ces hommes quaternaires soient vraiment nos premiers ancêtres, quelle raison avons-nous de croire qu'ils n'avaient ni religion ni moralité? Ils étaient mal armés contre les intempéries de la nature et contre les bêtes sauvages, leur industrie était dans l'enfance, en quoi cela les empêchait-il de vivre en famille et de respecter la justice? Nous avons vu que les habitants de l'île de Feu pratiquaient ces vertus, quoique vivant de chasse sous un rude climat. Pourquoi nos premiers aïeux, en supposant qu'ils soient représentés par les populations misérables dont nous retrouvons les os, n'auraient-ils pas eu les mêmes principes de moralité? Plusieurs raisons portent à croire qu'ils étaient très supérieurs aux sauvages d'aujourd'hui [1]. En premier lieu, ces premiers hommes sont devenus plus tard des hommes civilisés. Ils ont marché dans la voie du progrès, ce que ne font pas les sauvages ; ils leur étaient donc supérieurs sous certains rapports. En second lieu, nous trouvons de très bonne heure, chez ces hommes préhistoriques, un développement esthétique très marqué. Les dessins gravés sur la pierre ou sur des cornes de renne indiquent chez eux le sentiment du beau. Or le bien est très voisin du beau, le développement esthétique indique un développement moral parallèle; sans doute, ce lien n'est pas certain, mais il est probable, et dans la région où nous nous mouvons, la probabilité d'une hypothèse est tout ce qu'on peut espérer et tout ce qu'on est en droit d'exiger.

Enfin il ne faut pas oublier vers quel terme a abouti ce premier développement de civilisation. Il a dû aboutir aux grandes civilisations antiques, celle de l'Égypte, celle de l'Inde et celle de la Chine. Ce sont ces civilisations, avec les notions religieuses et morales que leur littérature révèle, qui ont été le résultat des efforts et des progrès des hommes préhistoriques. Or, pour produire de telles œuvres, n'a-t-il pas fallu qu'ils eussent en eux-mêmes tout au moins le germe d'idées religieuses morales autrement puissantes

[1] Les remarques suivantes sont en parties empruntées à l'article cité plus haut, de Max Müller, qui distingue, avec grande justesse, les sauvages en progressifs et regressifs.

que celles que nous trouvons chez les peuplades sauvages qui restent immobiles dans leur fétichisme et leurs superstitions. On peut même se demander si le germe seul de telles idées était suffisant, et si les grandes civilisations antiques ne sont pas une objection victorieuse contre la théorie du progrès continu.

Avant de quitter la paléontologie, je ne puis résister au désir de citer un fait qui indique combien sont douteux les résultats de cette science. On a trouvé, il y a trente ans environ, aux environs de Neanderthal, un crâne humain d'une forme étrange, placé près d'une dent d'ours; le crâne était d'ailleurs incomplet, la face manquait. Sur ce fait on a édifié une théorie, le crâne de Neanderthal est devenu le type d'une race. C'était une race inférieure, une race simienne, c'était déjà presque l'anthropoïde cherché comme intermédiaire entre l'homme et le singe. Des volumes nombreux ont été écrits sur cette race et sur les conséquences de la découverte de ce crâne unique. Mais voilà que tout d'un coup une objection s'est produite. Un médecin aliéniste allemand, le docteur Emmayer, a permis d'examiner et de mesurer son propre crâne qui présentait une forme inaccoutumée [1]. Il s'est trouvé que le crâne du docteur était absolument semblable à celui du prétendu anthropoïde. La race de Neanderthal a disparu, pour se fondre dans une autre, mais il n'est pas probable que cet échec décourage les chercheurs d'anthropoïdes.

Par cet argument personnel si singulier, le docteur Emmayer n'a fait d'ailleurs que rappeler les paléontologistes au bon sens et à la vraie méthode expérimentale. Que l'on puisse tirer des conséquences ethnologiques de la mesure des crânes, cela se comprend, pourvu qu'il s'agisse de moyennes résultant d'un grand nombre de mesures particulières. Mais quel est celui qui n'a pas vu, parmi ses compatriotes et ses contemporains, des formes de tête tout à fait étranges, qui n'ont aucun rapport avec celles des hommes qui les entourent. Ce seraient cependant, d'après la singulière méthode de certains savants, les types d'autant de races distinctes. Mais revenons à notre homme primitif. L'argument paléontologique étant écarté, restent ceux qui sont tirés, non plus des époques rigoureusement antéhistoriques, mais des plus anciens temps que l'histoire fait connaître.

Ici on nous montre des coutumes barbares, le cannibalisme, les sacrifices humains, l'infanticide, la polygamie ou même des désordres de mœurs plus graves, la guerre civile, le pillage continuel entre tribus voisines, l'esclavage absolu et ses cruautés, comme

---

[1] Quatrefages, *Hommes fossiles et hommes sauvages*, p. 33.

étant l'état moral habituel des anciens peuples ; on essaye de prouver que toutes ces horreurs, apanage de l'humanité primitive et héritage de nos premiers aïeux, ont disparu graduellement devant le progrès continu des lumières et de la civilisation.

Partant de cette idée que le progrès continu a existé depuis les premiers temps de l'histoire jusqu'à nos jours, on en conclut que cette marche progressive a toujours été la même, d'où il résulte qu'en remontant suffisamment haut dans le passé, on doit trouver l'absence totale de sentiments moraux et d'idées sociales, et qu'en avançant vers l'avenir, on arrivera à une époque où régneront sur la terre le bonheur parfait et la justice absolue. Ici encore, il y a à la fois erreur de logique et inexactitude dans la base historique. Il y a erreur de logique, car fût-il vrai que l'humanité ait marché depuis cinq ou six mille ans constamment dans la voie du progrès, cela ne prouverait nullement qu'il en ait été de même auparavant, ni qu'il devra en être de même plus tard. La période historique est, selon les géologues, beaucoup plus courte que les périodes antérieures que la paléontologie seule nous révèle. Nous ne possédons qu'un élément de la courbe suivie par l'humanité. Nous ne pouvons déterminer ce qu'a été sa marche en dehors des limites de l'histoire. Il peut y avoir eu une décadence primitive suivie d'un progrès, de même que le progrès pourrait s'arrêter et être remplacé par une période où l'homme perdrait ce que ses pères ont acquis. De pareilles alternatives de décadence et de progrès se succèdent dans l'histoire de bien des peuples. Pourquoi l'humanité entière serait-elle soumise à une autre loi?

Mais j'ai dit aussi que la base historique était inexacte. Je ne crois pas, en effet, que l'on trouve dans l'antiquité un progrès moral et social aussi marqué que le veulent nos adversaires. Sans doute certains usages bien grossiers et révoltants, comme l'anthropophagie, ont pu disparaître. L'anthropophagie semble avoir eu deux causes, la misère, d'une part, et une altération du sentiment religieux, de l'autre. Le progrès matériel a pu faire disparaître la première cause, le réveil de la raison a pu détruire l'autre. Mais les sacrifices humains n'ont pas disparu, même à Rome, où ils ont été pratiqués de temps en temps dans les grandes calamités publiques, bien que les Romains fussent plus que d'autres hostiles à cet usage. Le respect de la vie humaine n'a d'ailleurs pas beaucoup gagné à cette suppression, car les combats de gladiateurs, institution d'origine religieuse, ont duré jusqu'aux empereurs chrétiens. L'infanticide n'a pas cessé d'être pratiqué dès l'antiquité. Quant aux lois naturelles relatives à la famille, elles n'ont guère été mieux observées dans les sociétés civilisées que chez les peuples barbares antérieurs. Tacite loue la chasteté des Germains, qui faisait contraste avec les mœurs romaines. C'est à Babylone, centre de la civilisation assyrienne, c'est en Lydie, dans le pays de Crésus, fameux pour son luxe et ses richesses, que se pratiquaient ces usages d'une immoralité révoltante qu'Hérodote nous atteste. C'est dans l'empire des Sassanides, c'est-à-dire des rois perses qui avaient hérité de la civilisation grecque, qu'étaient appliquées ces lois odieuses qui, non seulement permettaient mais encourageaient l'inceste aux degrés les plus rapprochés, le mariage des enfants avec leurs propres mères. Les désordres moraux reprochés tant aux sauvages actuels qu'aux barbares de l'antiquité se retrouvent chez les peuples les plus civilisés de l'antiquité.

Ici encore nous retrouvons la même loi que nous avons déjà signalée. La morale idéale, la loi morale toujours identique à elle-même, ne se trouve pleinement enseignée que par l'Évangile. Elle l'est partiellement par certaines doctrines religieuses, par certaines écoles philosophiques ou par certaines portions de la littérature des peuples qui ont eu le sentiment de l'idéal ; elle est aussi partiellement gravée dans quelques législations civiles. Mais en dehors des religions, des philosophies, de la littérature et des codes, la morale reste à l'état de coutume ; et ces coutumes, très variables, sont souvent aussi corrompues chez les peuples civilisés que chez les peuples barbares.

En résumé, rien ne prouve qu'il y ait eu dans la conscience morale des hommes un progrès aussi marqué que le veulent nos adversaires, ni surtout d'un progrès universel et continu. Qu'on parcoure le monde d'une extrémité à l'autre, qu'on lise l'histoire des peuples, depuis les temps les plus reculés jusqu'à nos jours, le spectacle que présente l'humanité est toujours le même. Partout elle voit le bien et l'accomplit imparfaitement ; partout elle condamne le vice et le commet. Partout, en un mot, on retrouve l'homme avec sa conscience, avec ses aspirations à l'idéal, partout aussi on trouve l'homme avec ses passions et ses vices. Le seul progrès durable, universel et sans retour, est celui qu'apporte la doctrine chrétienne, parce qu'elle vient du ciel et non de la terre. Mais quand l'homme est livré à ses propres forces, il est, au point de vue moral, toujours à peu près semblable à lui-même. Les variations et les anomalies ne dépassent pas certaines limites et nous pouvons considérer comme également chimériques, l'homme primitif sans moralité aucune, et l'homme de l'avenir qui doit faire le bien sans qu'il lui en coûte, et dont les instincts seront si bons, qu'il n'aura plus besoin du frein du devoir.

III

L'hypothèse de l'état sauvage primitif étant rejetée comme arbitraire et gratuite, pouvons-nous faire sur l'origine de l'homme une autre hypothèse plus vraisemblable? Je crois que cela est possible et qu'il suffit de considérer ce qu'est l'homme, comment ses idées morales se forment de nos jours, et de remonter, par une induction prudente, de l'état actuel à l'état primitif.

Et d'abord l'homme n'est pas un simple animal. C'est un être qui a ses facultés propres. Donc, il ne sort pas de l'animal par les simples lois de l'hérédité; il n'est pas le vrai fils de parents animaux. Si, par un dessein que rien ne prouve, le Créateur avait voulu que l'organisme humain résultât d'une transformation des organismes inférieurs, cette transformation accompagnée d'un aussi grand changement que l'adaptation à recevoir une âme raisonnable, serait, dans l'ordre même de l'évolution, un fait exceptionnel, une immense exception à la loi d'hérédité, une véritable métamorphose. Il y a donc eu des premiers hommes; il y a eu des hommes qui n'ont pas eu d'autres hommes pour parents.

Maintenant, comment ces premiers hommes ont-ils reçu ce qui, chez leurs enfants, est l'effet de l'éducation donnée par les parents. Dans l'état actuel, l'homme est incapable de se passer de cette éducation. Il faut que pendant de longues années ses parents veillent sur lui, il faut qu'ils lui apprennent à se servir de ses membres. En même temps, il reçoit d'eux, avec la connaissance des mots, celle des idées les plus simples; c'est d'eux aussi qu'il reçoit les idées morales.

Sans doute, l'enfant a une conscience capable de discerner le bien du mal, comme il a une raison qui distingue le vrai du faux. Mais pour que cette conscience et cette raison passent de la puissance à l'acte, ne faut-il pas une initiation extérieure? On peut se demander si les notions morales naîtraient spontanément en lui au cas où elles ne lui seraient pas suggérées. En tout cas, dans l'état actuel, l'ordre de la nature veut que l'homme reçoive une éducation physique et une éducation intellectuelle et morale. L'homme ne peut se développer seul; il lui faut un secours; ses facultés sensibles et perceptives grandissent par le spectacle de la nature; ses facultés morales passent de la puissance à l'acte par le secours de la tradition.

Or l'hypothèse que je fais, hypothèse qui est presque une certitude aux yeux de la raison, et qui est pour nous une certitude aux yeux de la foi, c'est que le premier homme a reçu de Dieu, soit directement, soit par quelque intermédiaire, ce que les hommes actuels reçoivent de leurs parents, c'est-à-dire l'initiation à la pensée, au langage, à la connaissance du vrai et du bien. C'est que Dieu lui a donné, sous une forme quelconque, cette première impulsion que les parents donnent à leurs enfants et sans laquelle le développement de l'homme, en tant qu'être intellectuel et moral, semble impossible.

Les premiers hommes ont-ils été créés enfants ou adultes? La raison ne saurait se prononcer sur cette question. La révélation seule peut nous éclairer sur ce point. Mais, s'ils avaient été créés enfants, Dieu aurait dû avoir pour eux les soins d'un père; il les aurait élevés. S'ils ont été créés adultes, il a dû suppléer par une science infuse à ce que l'éducation aurait dû produire. Il a dû les créer tout élevés, sachant ce que des parents leur auraient appris.

Voilà ce qu'ont été les premiers hommes, et voilà l'origine de la morale. La conscience a dû être éveillée et mise en action par une parole divine primitive, comme la conscience de l'enfant est de nos jours éveillée par les paroles de sa mère.

Mais ce n'est pas tout; si Dieu a dû remplir à l'égard des premiers hommes la fonction de père, il n'est pas vraisemblable qu'il ait dissimulé sa présence. Il a dû se manifester à l'homme, lui dire son nom, l'instruire de ses devoirs envers sa majesté. Instruit par le Créateur, le premier homme a dû connaître le Créateur. La morale chez lui a dû être unie à la religion. Le bien et le mal lui ont apparu dès le principe, comme ce qui est ordonné ou défendu par le Père céleste.

Ce n'est pas tout encore. L'homme n'a pas été créé pour être seul. C'est par un premier couple que l'humanité a dû commencer. Or ce premier couple, qu'est-ce, sinon la première famille, germe et embryon de toute société. La famille, la société, la morale et la religion, sont donc nées ensemble, en même temps que l'humanité.

Suivons maintenant ces idées et passons à la seconde génération. Les enfants de ce premier couple ont pu sans doute avoir, comme leur père, des communications directes avec Dieu, mais cela n'était plus aussi nécessaire. On peut supposer que ces communications ont cessé bientôt. Dès lors, quelle est pour eux la forme de la loi morale? Elle se présente à eux, à la fois comme la volonté de Dieu et comme l'ordre du père chef de la famille. Le père est l'autorité naturelle de la famille. Ses ordres sont ratifiés par Dieu. Le père aussi, dans l'ordre de la tradition, est l'intermédiaire entre les enfants et Dieu. C'est lui qui a été élevé directement par Dieu, et qui doit transmettre aux enfants ce qu'il a reçu de son Créateur. Ainsi volonté de Dieu transmise par le père, et en même temps gravée dans la conscience, volonté du père ratifiée par Dieu, et à laquelle la conscience prescrit d'obéir, telle est la forme de la loi morale.

Dans les premières familles, cette morale n'avait point la forme abstraite que lui donnera plus tard le langage philosophique. Elle n'était pas fondée sur le raisonnement, sur l'étude du cœur humain ni sur les besoins de la société. La philosophie, œuvre de la pensée réfléchie, ne doit venir que plus tard. C'était une morale concrète, qui se composait de règles relatives aux relations personnelles, tant entre les divers membres de la famille qu'entre l'homme et son Créateur.

Quel devait être le principe des prescriptions de cette morale? Vers quel but tendaient ses prescriptions? Ce n'était pas vers le simple développement de la race humaine, aux dépens des individus. La conservation de l'espèce est la loi suprême des animaux, mais il faut une autre loi à l'humanité. L'humanité se compose de véritables personnes, c'est-à-dire d'individus libres et responsables. C'est pour les individus que la morale est faite, et non pour la simple conservation d'un type spécifique.

La loi morale avait-t-elle pour but unique le progrès et le bonheur de la société humaine sur cette terre? Nous ne devons pas le supposer. Être religieux, en rapport avec le monde invisible, capable de connaître le Créateur et d'espérer une vie future, l'homme n'a pas pour fin son bonheur ici-bas. Il a pour fin le bonheur futur mérité par la vertu. Il forme, non pas une société formée d'êtres visibles, mais une société qui communique avec des êtres invisibles et un monde supérieur. Dès lors les prescriptions de la loi morale ne devaient pas avoir pour but unique le bonheur général ici-bas. Ce bonheur peut être dans une certaine mesure le résultat de la pratique de la vertu. Mais il n'en est pas le motif suprême. C'est la perfection morale des individus et par là même leur adaptation au bonheur futur et à la société avec Dieu qui est le but des prescriptions que l'homme a dû recevoir de son Créateur. C'est d'après ces principes que nous pouvons présumer quelles ont dû être les lois primitives de la famille humaine.

Notre-Seigneur nous dit qu'à l'origine la loi du mariage a été la monogamie et l'indissolubilité. Rien de plus vraisemblable aux yeux de la raison. Cette loi est la loi parfaite, conforme à la nature humaine. Elle est aussi la loi nécessaire pour un premier couple unique dont tous les hommes descendent.

Il est plus difficile de comprendre comment cette propagation à partir d'un premier couple a pu se faire sans violer une autre loi naturelle, celle qui défend l'union entre les frères et les sœurs. Il faut pour résoudre cette difficulté tenir compte des raisons intimes et profondes de cette loi qui défend l'inceste. Son but est de créer sur la terre deux ordres de relations distinctes et inconciliables, celle de l'époux et de l'épouse et celle du frère et de la sœur. Sans la loi qui défend l'inceste, ces relations se confondraient, et la société humaine manquerait d'un de ses organes essentiels, qui est peut être nécessaire pour le perfectionnement moral des individus, vrai but de la société. Mais, à l'origine, un autre grand intérêt moral de la société humaine se trouvait en conflit avec cette séparation, nécessaire en règle générale, des relations fraternelles et conjugales. Il fallait, pour l'unité du genre humain, que ces hommes se reconnussent tous comme frères et descendants des mêmes aïeux.

La loi naturelle qui défend l'inceste, fondée sur le principe général de l'adaptation de la société aux besoins moraux de l'homme, a dû fléchir pour se relever plus tard dans toute sa force devant une autre application du même principe. Ainsi, à l'origine morale religieuse et sociale à la fois, reliant les hommes entre eux par les liens d'une famille monogame, et rattachant l'homme à son Créateur par le devoir de la foi, de l'adoration et de l'obéissance morale ayant sa sanction dans la vie future. A l'origine également, le père de famille cumule divers pouvoirs qui se sépareront plus tard. Il a l'autorité paternelle, mais il possède aussi l'autorité sociale suprême, puisque la société se réduit à une famille unique. Il est donc roi et père. Enfin, étant l'intermédiaire entre Dieu et ses enfants, il est aussi le premier prêtre. Telle est, selon cette hypothèse, pour quiconque croit en un Dieu juste et bon, la plus vraisemblable de toutes, la première origine des sociétés humaines, le premier germe de la morale, de la religion et des lois civiles. Voyons maintenant comment cet embryon a dû se développer.

Supposons d'abord que le développement de cette société primitive se soit fait d'une manière parfaite et idéale, sans accident, sans déviation causée par les circonstances extérieures ou par les écarts de la liberté. Sans doute cette hypothèse est loin d'être vraisemblable, mais je ne l'emploie que provisoirement pour tracer un idéal; je me rapprocherai bientôt de la réalité. L'humanité se multipliant, et l'intelligence humaine étant en progrès, les organes enveloppés dans le germe primitif ont dû se séparer les uns des autres. L'autorité complexe du père de famille s'est divisée. L'autorité civile, rassemblant un grand nombre de familles, s'est constituée; les tribus, les nations, se sont distinguées les unes des autres. Le père reste roi dans son intérieur, mais au-dessus de lui s'établit une autorité qui est supérieure sur certains points à la sienne, mais qui n'a pas le droit de l'absorber. Plus tard, les fonctions de prêtre, qui appartiennent au père de famille, deviendront l'apanage d'une caste ou d'une corporation spéciale. Le sacerdoce apparaîtra. Par suite de ces progrès d'organisation extérieure, les idées sur la morale deviendront plus claires et plus précises. On distinguera les ordres des chefs de famille des lois faites par les souverains. Les prêtres établiront, pour régler le culte, des décrets qui pourront quelquefois passer pour des ordres même du Créateur, mais qui pourront aussi en être distingués. La volonté de Dieu, immuable et éternelle, se distinguera des institutions changeantes des hommes. Enfin, par un travail d'observation philosophique, les hommes pourront arriver à discerner, parmi les ordres même du Créateur transmis par tradition, ceux qui sont en même temps gravés dans la conscience et qui constituent la loi naturelle immuable, et les prescriptions liturgiques que Dieu a établies par sa libre volonté et qui peuvent être changées par lui. Ainsi pourra se former, par suite du développement de la pensée, l'idée abstraite du devoir. Jusque-là le devoir aura été connu et pratiqué, mais il aura apparu sous forme concrète comme la volonté soit du père, soit du législateur civil, soit du Créateur. Il n'apparaît sous forme distincte que par le progrès de la pensée et l'habitude de l'abstraction.

Mais je me hâte de sortir de cette hypothèse idéale pour en adopter une plus conforme aux faits. Le développement du germe social, c'est-à-dire de la famille primitive, n'a pas pu se faire ainsi sans obstacle et sans déviation. L'homme est peccable et faillible; sa liberté doit avoir des écarts; les passions en lui se révoltent contre la raison; les circonstances extérieures sont souvent défavorables, la lutte pour la vie est rude, la guerre doit naître à la fois des convoitises excitées par la richesse et des compétitions ardentes provoquées par la nécessité de partager une nourriture insuffisante. La pensée humaine, livrée à elle-même, doit également souvent se perdre dans ses conceptions et ses raisonnements. Dès lors il a dû y avoir, dans les différentes phases et dans les différentes branches de ce développement, des déviations graves et des écarts notables à partir de sa forme idéale. L'idée de Dieu s'est altérée. Au lieu d'un créateur juste et bon, animé de sentiments paternels, les hommes ont adoré tantôt une force aveugle, tantôt les brillants phénomènes qui frappaient leurs yeux, tantôt le père de famille lui-même transformé en dieu après sa mort, tantôt des esprits invisibles, tantôt l'œuvre même des mains de l'homme. L'idée de Dieu s'altérant, les notions morales qui se confondaient avec les ordres divins ont dû s'obscurcir également. On a attribué aux dieux des passions humaines, on a décrété en leur nom des lois cruelles, on a demandé pour les apaiser des victimes innocentes. De la religion le désordre a passé dans les mœurs. La famille primitive, la famille monogame et indissoluble a subi dans les coutumes de graves et fâcheuses modifications. La polygamie, les mœurs libres, les désordres contre nature ont pu passer à l'état de coutume, quelquefois même à l'état de lois. La conscience a pu s'obscurcir de beaucoup de ses prescriptions. Ici nous pouvons quitter le terrain de l'hypothèse et mettre le pied sur le sol fixe de l'histoire. Ce double mouvement, l'un de progrès et de développement organique d'une société primitive où régnaient une morale et une religion pure, l'autre de corruption de la religion, de la morale et des institutions sociales nous amène à l'état de l'humanité, telle que nous la trouvons à l'aurore des temps historiques.

Dans cet état si confus et si désordonné, au milieu de cette variété de mœurs et d'usages, nous voyons, à côté les uns des autres, les résultats les plus abjects de la dégradation de l'homme primitif, et les restes glorieux de la sagesse qu'il a reçue de Dieu à l'origine. Les admirables hymnes des Védas, la morale pure et religieuse des vieux livres de la Chine, la théologie et la morale de l'Égypte, l'idée du jugement et de la vie future que les anciens livres de ces peuples contiennent, l'ancienne constitution patriarcale de la famille, qu'est-ce? sinon le développement de l'idée de Dieu et de sa justice communiquée aux premiers hommes et transmise à ses descendants. Jamais la philosophie postérieure n'a atteint la hauteur et la sublimité des vieux hymnes des Védas, la simplicité avec laquelle ces vieux chantres de l'Inde invoquent la bonté paternelle et reconnaissent la justice du Dieu suprême.

Nulle part, mieux que dans la Chine antique, les devoirs des enfants envers leurs parents ne sont exposés. D'autre part, toutes les absurdités de l'idolâtrie, toutes les cruautés de la magie et des religions sanguinaires, tous les usages moraux révoltants des différentes nations, nous montrent comment de ce point de départ simple, mais pur et élevé, l'homme a pu descendre aux plus complètes dégradations de l'esprit et du cœur.

Mais l'humanité n'est pas restée au fond de cet abîme. Elle a essayé d'abord par elle-même d'en sortir. Puis son Créateur lui est venu en aide. Ici nous entrons tout à fait dans l'histoire. C'est un très intéressant spectacle que celui que nous présentent dans l'antiquité les tentatives nombreuses de réformes morales, religieuses et sociales. Il semble que, réveillée de son engourdissement, l'humanité ait cherché à retrouver ces vérités qu'elle avait perdues, mais qui brillaient encore à son horizon. Les réformes ont lieu dans les différentes branches de l'organisation de la société. Tantôt ce sont des réformes religieuses. C'est Zoroastre, qui donne aux Iraniens une loi qu'il prétend révélée par Ormuzd, et qui leur apprend à adorer un Dieu invisible. C'est Confucius, qui dégage l'idée de Dieu et celle de la famille des vieilles traditions et la présente au peuple chinois. Je ne parle pas de l'œuvre de Moïse, qui, analogue sur bien des points à celles que je viens d'indiquer, porte cependan des caractères transcendants de la Divinité. Ailleurs ce sont des législations civiles. C'est Solon, c'est Lycurgue, c'est Zaleucus, qui s'efforcent de réformer les mœurs en établissant des lois qui punissent le vice et récompensent la vertu. Ce sont enfin des philosophes qui s'érigent en prédicateurs et rappellent à l'humanité ses devoirs. Dans l'Inde, Çâkya-Mouni crée d'abord une école philosophique et une société de sages. Plus tard, cette Société deviendra une grande religion. A Athènes, c'est Socrate qui pose les bases de la science du cœur humain, et commence ce grand mouvement philosophique qui durera jusqu'à Marc Aurèle et servira de préparation à la prédication chrétienne.

Toutes ces œuvres humaines sont néanmoins impuissantes. Après quelques efforts, l'humanité retombe soit dans ses anciennes erreurs et ses anciens vices, soit dans de nouvelles erreurs ou de nouveaux vices, souvent pires que les premiers. C'est alors que commence à se manifester la grande œuvre de restauration de l'humanité. C'est alors que le Père qui a instruit le premier homme de ses devoirs se décide à parler une seconde fois à ses enfants et à leur montrer de nouveau, sous des traits plus éclatants et d'une manière plus complète, les anciennes vérités qu'ils avaient laissées s'obscurcir.

Ce qui distingue le christianisme des diverses tentatives de réforme que nous venons d'indiquer, c'est que l'œuvre entreprise par Jésus-Christ est le redressement de toutes les branches de l'organisation intellectuelle, religieuse, morale et sociale de l'humanité. L'idée de Dieu est ramenée à la pureté du monothéisme. En même temps les attributs divins, surtout les attributs moraux sont plus clairement manifestés. La morale proprement dite, la loi naturelle, est exposée dans l'Évangile avec une pureté et une efficacité merveilleuses. La famille est ramenée à sa pureté première par le rétablissement de la monogamie et de l'indissolubilité, caractère de l'union du premier couple. Dans l'ordre de la législation civile, des principes féconds sont posés, la distinction du spirituel et du temporel, la supériorité des lois divines sur les lois humaines, le devoir de ne pas plier devant des ordres injustes, l'égalité des hommes devant Dieu, la fraternité des différents peuples, l'obéissance due par conscience au souverain. Ces principes et ces vérités sont confiés à un sacerdoce nouveau, indépendant par son origine du pouvoir civil, et doué par Dieu de la lumière et de la force nécessaires pour conserver la doctrine dans sa pureté. Grâce à cet ensemble de doctrines, à cette organisation plus parfaite, les notions philosophiques et morales deviennent plus élevées, plus vraies et plus précises. Plus de difficulté pour le chrétien à distinguer les lois humaines des lois de Dieu. Les lois ecclésiastiques elles-mêmes, tant qu'elles sont variables et dépendantes de la volonté de l'Église, sont aisément distinguées des vraies lois divines. Celles-ci encore se subdivisent en lois positives que Dieu peut abroger, comme il l'a fait pour celles de Moïse, et lois naturelles qui sont immuables. S'unissant sans peine à la philosophie païenne dans ce qu'elle avait de plus élevé, le christianisme reconnaît dans cette loi éternelle, dont parle Cicéron, dans le Bien absolu de Platon, source du devoir, la nature divine elle-même. Le christianisme admet l'existence de cette morale divine même chez les païens qui portent la loi naturelle en eux.

Munie de ces principes nouveaux et en possession de l'organisme indestructible de l'Église destinée à les conserver, l'humanité a pu reprendre sa marche. Ce qui lui reste à faire, c'est de propager l'Évangile et d'en comprendre mieux l'esprit et de le mettre en pratique. Agrandissement extérieur, connaissance plus exacte de la doctrine, accomplissement plus parfait des préceptes, telle est la tâche qui est imposée aux générations futures. Elles ne peuvent pas espérer s'élever plus haut que les apôtres et la première génération chrétienne. Les débuts du christianisme sont tels, qu'il atteint du premier coup le sommet de la perfection. Mais cette perfection première a bientôt diminué : le monde, avec ces préjugés et ses vices, est entré dans l'Église; la barbarie même s'y est quelquefois glissée. Il a fallu revenir vers le type primitif. Il a fallu lutter pour remonter le courant des passions. L'histoire de l'Église est pleine de récits de réformes essayées et accomplies. Au milieu de ces réformes, le progrès s'accomplit, l'Évangile est mieux compris et mieux connu, et les mœurs se conforment davantage à ce type idéal. Depuis l'Évangile, l'humanité est remontée à un niveau moral plus élevé. Son idéal étant toujours devant ses yeux, il y a des défaillances morales qui ne sont plus possibles. Il y aura encore bien des actes coupables, bien des violations des grandes lois de la chasteté et de la charité et même de la justice. Mais jamais, tant que la lumière chrétienne brillera, les hommes ne pourront redescendre jusqu'au niveau de l'antiquité païenne.

Telle est l'histoire véritable des idées morales dans l'humanité. Elle est, comme on le voit, bien différente de la théorie des évolutionistes. Au lieu d'admettre, comme cette théorie, un point de départ nul et un progrès continu et indéfini, nous croyons qu'il a existé un grand nombre d'alternatives de progrès et de décadence. Le progrès général réel de la morale, qui se dégage au milieu de ces contradictions, n'est autre que la marche à partir des données pures, simples et élevées de la révélation primitive jusqu'aux enseignements plus complets et plus clairs que le christianisme fournit à l'humanité. Le point de départ du progrès chrétien est moins bas que celui du progrès tel que le veulent les évolutionnistes. Son terme idéal est plus élevé, mais il ne doit pas être réalisé complètement en ce monde ; le progrès social existe, mais il n'est qu'un moyen pour le véritable progrès individuel qui aboutit à la béatitude future. La croyance à ce progrès est d'ailleurs fondée non sur des espérances chimériques et sur un vain enthousiasme, mais sur l'histoire et la véritable expérience. La théorie que je viens d'exposer rend compte de la plupart des faits, mieux que la théorie évolutionniste : elle n'est hypothétique que sur un point, celui de l'origine que l'histoire ne saurait atteindre directement. Mais l'hypothèse de cette révélation primitive, déjà vraisemblable en elle-même, devient une certitude dès que nous avons saisi le lien qui rattache cette première formation morale de l'humanité à la restauration que l'Évangile a accomplie en pleine histoire, avec une force si évidemment divine. Le nouvel Adam qui nous a relevés nous montre lui-même ce qu'a été le premier et nous fait connaître notre origine.

Cette origine, à la fois divine et humaine de la morale, nous permet de prédire à l'humanité et aux idées morales un tout autre avenir que celui que prédisait l'évolutionnisme. Divine par son origine, humaine par son fondement dans la conscience, la vraie morale, qui n'est autre que la morale chrétienne, doit durer autant que l'humanité. Société, morale et religion, ont commencé ensemble quand l'homme a paru sur la terre ; société, morale pure et vraie religion, devront durer autant que l'homme lui-même durera. Nos adversaires nous donnent eux-mêmes, par la progression de leurs attaques, une nouvelle preuve de cette vérité.

Le divin organisme de l'humanité restaurée, l'Église gardienne de la morale vraie, reçoit dans ce monde moderne un premier ébranlement au temps de Luther. Avec l'autorité de l'Église, disparaît, chez les protestants, un des principes de l'œuvre du Christ, l'indissolubilité complète du mariage chrétien. Néanmoins, appuyée sur l'Évangile, la morale chrétienne subsista. Deux siècles plus tard, le progrès logique des idées amena les adversaires de l'Église à méconnaître l'autorité de l'Évangile et à refuser à Jésus-Christ le titre de Dieu incarné. Alors paraît une nouvelle morale, qui n'était que la morale chrétienne affaiblie et privée de ses plus puissants moyens d'action, la morale spiritualiste de Rousseau. Le règne de cette morale fut moins long que ne l'avait été celui de la morale chrétienne. Chez ceux qui ont nié l'autorité de l'Église, il avait fallu deux siècles pour descendre de Calvin à Rousseau ; trois quarts de siècle suffiront pour que la morale déiste ait constaté son impuissance et cédé le pas à la morale sans Dieu, à cette morale indépendante que j'ai combattue l'an dernier et qui voulait encore conserver l'idée du devoir. Mais cette morale nouvelle avait à peine exposé ses principes et tracé le plan de l'édifice qui devait remplacer l'Évangile, que déjà elle était débordée. Un quart de siècle à peine après la réaction d'athéisme dont les œuvres de M. Renan ont donné le signal, la morale évolutioniste, cette morale qui n'en est pas une, cette doctrine qui fait du devoir un préjugé et du bien une illusion, paraissait sur la scène philosophique et au nom de la même logique, sommait la morale indépendante de lui céder la place. Ainsi se sont trouvés vérifiées, par les faits contemporains aussi bien que par les faits passés, les deux grandes vérités fondamentales dont j'ai essayé de donner ici une démonstration complète.

Partout et en tout lieu, la religion, la morale et les institutions sociales sont si étroitement liées, qu'on ne peut détruire la religion sans que la morale périsse, ni détruire la morale sans que la société s'écroule. Dans les sociétés civilisées modernes que l'Évangile a élevées à un niveau supérieur, le rôle social et moral, que remplissaient plus ou moins bien les diverses religions de l'antiquité, ne peut être rempli que par la religion chrétienne. C'est donc la morale chrétienne qui est la vraie et unique morale des sociétés civilisées, la vraie morale de l'avenir comme elle est celle du passé, morale éternelle dans son essence, et qui doit durer sur la terre aussi longtemps que notre planète sera le séjour d'hommes vivant en société.

www.ingramcontent.com/pod-product-compliance
Lightning Source LLC
LaVergne TN
LVHW051509090426
835512LV00010B/2427